김해천의
골프빅북

기본기와 스코어 향상을 위한 프리미엄 레슨!

| 김해천 지음 |

싸이프레스
Creative and Joyful PRESS

PROLOGUE

"모든 골퍼에게 통용되는 완벽한 스윙이란 존재하지 않는다.
그러나 각 개인에게 필요한 가장 좋은 스윙은 반드시 존재한다."

이 조언은 필자가 골프 교습가로서 가장 좋아하는 말이다. 골프에서는 완벽함을 추구하는 것보다 자신에게 적합한 스윙을 익히는 것이 목표에 다다르는 가장 빠른 방법이기 때문이다.

일반적으로 '골프는 모든 스포츠 중 가장 어려운 운동이고 피나는 연습 외에는 왕도가 없다'라고 들 한다. 그런데 이 말은 너무 막연하고 골프를 접하는 사람에게는 부담스럽고 힘겹게 들릴 뿐이다. 필자가 생각하는 골프란 이렇게 무작정 어렵고 힘든 스포츠가 아니다. 골프도 일반 스포츠와 같이 기본기를 정확하게 익히고 집중력을 발휘해서 연습한다면 짧은 기간 안에도 얼마든지 높은 수준에 도달할 수 있다.

1년 안에 싱글 핸디캡을 달성하는 사람이 있는가 하면 10년이 되어도 90대 골퍼로 남는 사람도 있다. 그렇다면 당신은 어느 편에 서고 싶은가? 이 경계를 가르는 것은 탄탄한 기본기와 강한 집중력이라는 점을 필자는 너무도 잘 알고 있다.

골퍼들은 일정한 수준의 실력에 도달하기 위해 많은 노력을 하지만 더 중요한 것은 자신의 기량 수준을 꾸준히 지켜내는 것이다. 한번 해병은 영원한 해병이라 하지만 골프에서는 한번 고수는 영원한 고수가 아니다. 과거의 기량만 믿고 플레이를 하기보다는 현재의 구질과 테크닉 그리고 심리상태가 자신의 실력이라는 사실을 인정해야만 한다.

필자가 이 책을 쓰기 위해 오랫동안 준비하면서 골퍼들에게 가장 필요한 2가지에 초점을 맞췄다는 것을 말하고 싶다. 첫째는 골프스윙 특성상 한번 익히게 되면 교정이 힘들기 때문에 처음부터 탄탄하게 익혀야 할 정통성 있는 기본기를 상세하게 다루었다. 둘째는 상당한 골프 수준에 이르러서도 그 기량을 계속 유지하고 나아가 투어프로 수준 못지않은 실력으로 발전시킬 수 있도록 깊은 내용까지 담아내기 위해 많은 노력을 했다. 그러므로 이 책을 읽는 모든 주말골퍼들에게 진정으로 도움이 되기를 바란다.

끝으로 이 책의 완성을 위해 숨은 노력을 하신 분들께 감사의 말씀을 드린다. 싸이프레스 출판사 김영조 대표님, 보다 멋진 사진을 위해 수고하신 이과용 실장님 그리고 촬영장소를 허락해주신 티클라우드CC, 스마트KU 골프파빌리온, 제주도 테디벨리CC 관계자 분들께 감사드리며, 마지막으로 이 책을 집필할 수 있도록 내조를 해준 아내와 아들 재원, 딸 희서에게 응원의 고마움을 전한다.

PGA 클래스 A 멤버 김 해 천

CONTENTS

PROLOGUE / 4

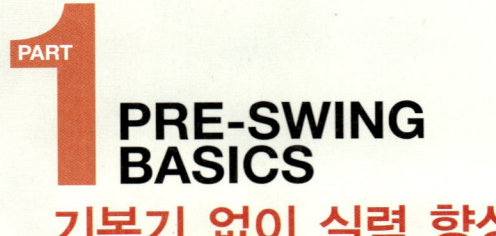

PRE-SWING BASICS
기본기 없이 실력 향상은 없다

01 그립부터 체크하라 / 18
기본 그립 3가지 / 18
좋은 그립을 위한 체크 포인트 4가지 / 20
그립의 종류와 볼 방향의 관계 / 22

02 최상의 샷을 만드는 셋업 요령 / 26
올바른 에임과 얼라인먼트를 하는 방법 / 26
적절한 스탠스 취하기 / 28
볼의 올바른 위치 / 29
어드레스 자세의 체크 포인트 6가지 / 30
볼과 몸과의 적절한 간격 / 32
올바른 체중 분배 / 33

2 PART THE BASIC SWING
골프 실력을 향상시킬 스윙 핵심 개념

01 테이크어웨이 / 36
    양팔의 삼각형과 손목각도를 유지하라 / 36
    올바른 스윙궤도 진입 요령 / 38
    척추각도를 유지하라 / 39

02 백스윙 / 40
    손목코킹 요령 / 40
    올바른 손목코킹 타이밍 / 42
    백스윙 때 클럽페이스 방향 / 43
    올바른 꼬임 요령 / 44
    강한 파워를 만드는 요령 / 45
    자신에게 맞는 스윙 플레인을 만들어라 / 47

03 백스윙톱과 다운스윙 전환 / 48
    이상적인 백스윙톱 / 48
    하체를 먼저 움직여라 / 50
    스윙이 급하다면 톱에서 한 박자 쉬어 가라 / 51
    강력한 다운스윙을 위한 준비 / 52

동영상 레슨

04 다운스윙 / 54
    다운스윙의 순서를 지켜라 / 55
    어깨의 방향이 다운스윙 궤도를 결정한다 / 56
    역동적인 다운스윙 요령 / 57
    올바른 체중이동 요령 / 58

05 임팩트 / 60
강력한 임팩트 자세 / 61
디봇을 내기 위한 다운 블로우 요령 / 62
견고한 임팩트를 위해 반드시 없애야 할 2가지 동작 / 63

06 릴리스와 팔로스루 / 66
볼에 힘과 정확성을 싣는 릴리스 자세 / 67
릴리스를 방해하는 동작 / 68
올바른 릴리스를 위한 연습 방법 / 69

동영상 레슨

07 피니시 / 72
균형 잡힌 피니시 자세 / 73
좋은 피니시를 이루는 요령 / 74

PART 3 DRIVER SHOT
드라이버 샷

01 장타를 치기 위한 드라이버 샷의 기본 / 78
장타를 위한 어드레스 자세 / 79
스윙 아크를 크게 만드는 요령 / 80
스윙 스피드를 높이는 요령 / 82
강력한 임팩트를 만드는 방법 / 85
티 샷 비거리가 가장 긴 구질 / 88
가장 장타를 칠 수 있는 티 높이 / 90
김해천의 라이브 어드바이스: 장타를 쳐야 할 홀을 구분하라 / 91

동영상 레슨

02 더 이상 OB는 없다 / 92
페어웨이 안착을 위해 피해야 할 4가지 / 92
첫 홀의 티 샷을 잘 치기 위한 요령 / 97
드라이버 티 샷만 고집하지 마라 / 98
티 샷 착지지점에는 설계자의 속임수가 있다 / 99
도그렉 홀의 공략 지점 / 101
티잉 그라운드가 페어웨이 방향과 다른 쪽을 향해 있을 때 / 102
김해천의 라이브 어드바이스: 드라이버 샷은 반드시 더 전략적이어야 한다 / 103

03 티 샷 미스 샷을 잡아라 / 104
슬라이스가 심한 경우 / 104
훅이 심한 경우 / 110
스카이 샷이 자주 나오는 경우 / 114

PART 4 WOOD & HYBRID SHOT
페어웨이 우드 & 하이브리드 샷

01 페어웨이 우드 잘 다루는 요령 / 120
셋업과 스윙 요령 / 121
페어웨이 우드는 쓸어 쳐야 한다는 편견을 버려라 / 122
안 좋은 라이에서의 페어웨이 우드 공략법 / 124
볼을 잘 띄우기 위한 3가지 방법 / 128
페어웨이 벙커에서 우드 치는 요령 / 131

02 하이브리드 클럽 잘 다루는 요령 / 134
　롱 아이언이 어렵다면 하이브리드를 활용하라 / 134
　하이브리드 클럽 쉽게 치는 방법 / 134
　뒤땅과 탑핑이 자주 날 경우에는 앞땅을 때려라 / 136
　김해천의 라이브 어드바이스: 양용은 선수의 하이브리드 샷을 기억하는가? / 139

PART 5 IRON SHOT
아이언 샷

01 아이언 샷의 기본 개념 / 142
　숏 아이언, 미들 아이언, 롱 아이언 스윙의 차이점 / 142
　숏 아이언 샷의 기본 정석 / 146
　롱 아이언 샷의 기본 정석 / 148
　정교한 아이언 샷을 하기 위한 스퀘어 포지션 / 150

동영상 레슨

02 아이언 잘 다루는 요령 / 152
　견고한 임팩트를 위한 연습 방법 / 152
　아이언 샷은 다운 블로우로 쳐라 / 154
　각 아이언별로 거리차가 일정해야 한다 / 156
　디봇 자국에서의 샷 방법 / 158
　김해천의 라이브 어드바이스: 두 클럽 사이의 애매한 거리가 남았을 때 / 160

03 아이언 미스 샷을 잡아라 / 161
　탄도가 너무 높고 거리가 안 날 경우 / 161
　탄도가 너무 낮고 그린에서 많이 구를 경우 / 163
　김해천의 라이브 어드바이스: 타수를 잃지 않는 그린 공략법 / 165

PART 6 WEDGE SHOT
100m 이내의 웨지 샷

01 웨지 샷의 기본 개념 / 168
  셋업과 스윙 요령 / 168

02 100m 이내 공략법 / 172
  100m 이내 거리 조절 요령 / 172
  피칭웨지, 52도, 56도 웨지를 다양하게 사용하라 / 176
  백스핀 구사 요령 / 177
  김해천의 라이브 어드바이스: 웨지를 장난감처럼 가지고 놀아라 / 179

03 웨지 미스 샷을 잡아라 / 180
  높이 뜨기만 하고 거리가 짧은 경우 / 180
  볼이 뜨지 않고 그린 착지 후 런이 많은 경우 / 181
  생크가 발생하는 경우 / 183

PART 7 SHORT GAME
그린 주변 숏게임

01 칩 샷과 피치 샷의 기본 개념 / 188
  칩 샷과 피치 샷의 차이 / 188

칩 샷 셋업과 스윙 요령 / 190
피치 샷 셋업과 스윙 요령 / 192
숏게임은 리듬감으로 하라 / 194

02 숏게임 공략법 / 196
그린 주변에서 살펴야 할 사항 / 196
굴릴 수 없을 때만 띄워라 / 198
볼을 띄우려면 올려치지 말고 내려쳐라 / 200
칩 샷과 피치 샷 거리 조절 요령 / 201
솟아있는 그린 공략법 / 204
우드로 하는 칩 샷 / 205

03 응용편: 로브 샷과 플롭 샷 구사 요령 / 208
짧은 거리는 띄워 치는 샷이 가장 어렵다 / 208
로브 샷 셋업과 스윙 요령 / 210
플롭 샷 셋업과 스윙 요령 / 212

04 숏게임 미스 샷을 잡아라 / 214
칩 샷이 잘 구르지 않고 빨리 멈출 경우 / 214
피치 샷이 뜨지 않을 경우 / 216
피치 샷 뒤땅이 자주 발생할 경우 / 218
피치 샷 탑핑이 자주 발생할 경우 / 220

동영상 레슨
동영상 레슨

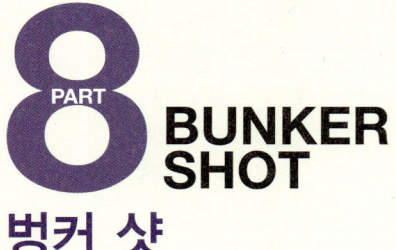

PART 8 BUNKER SHOT
벙커 샷

01 벙커 샷의 기본 개념 / 224
샌드웨지의 비밀을 이해하면 벙커 샷이 쉬워진다 / 224

셋업과 스윙 요령 / 226

02 벙커 샷을 잘하기 위한 요령 / 228
벙커 샷의 달인이 되는 연습 방법 / 228
온 그린이 목적이 아니다. 핀에 붙여라 / 230
트러블 샷 중에서 가장 쉬운 그린 주변 벙커 샷 / 232

03 상황별 벙커 샷 공략법 / 234
가는 모래, 굵은 모래 / 234
부드러운 모래, 딱딱한 모래 / 237
오르막 벙커 / 238
내리막 벙커 / 239
에그 프라이가 된 경우 / 240
벙커 턱에 박힌 경우 / 241

04 벙커 미스 샷을 잡아라 / 242
낮게 날아가 많이 구루는 경우 / 242
거리가 짧은 경우 / 243
그린 반대편으로 날아가는 경우 / 245

PART 9 SHOT MAKING & TROUBLE SHOT
샷 메이킹 & 트러블 샷

01 구질에 변화를 주는 샷 메이킹 요령 / 248
드로우 샷 구사 요령 / 248
페이드 샷 구사 요령 / 252
낮은 탄도의 샷 구사 요령 / 255
높은 탄도의 샷 구사 요령 / 257

동영상 레슨

동영상 레슨

동영상 레슨

02 트러블 상황에서의 공략법 / 260
왼발이 높은 오르막 / 260
왼발이 낮은 내리막 / 263
볼이 발보다 낮을 때, 높을 때 / 265
맞바람이 불 때 / 267
뒷바람이 불 때 / 270
옆바람이 불 때 / 272
러프에서의 샷 / 273
잔디 위에 떠있는 볼 / 276
맨땅 위에서의 샷 / 277
숲속에서의 탈출 / 278
비오는 날의 플레이 / 279

10 PART PUTTING FOR HOLE IN
퍼팅

01 퍼팅의 기본 개념 / 282
퍼팅 셋업 요령 / 282
퍼팅 스트로크 요령 / 284
나에게 맞는 퍼터란? / 285

동영상 레슨

02 퍼팅을 잘하기 위한 요령 / 286
스트레이트 퍼팅을 잘해야 모든 퍼팅을 잘한다 / 286
숏퍼팅과 롱퍼팅의 차이 / 288
숏퍼팅은 눈이 아닌 귀로 확인하라 / 289
숏퍼팅 100% 성공하는 연습 방법 / 290

롱퍼팅을 즐겨라 / 291
스리 퍼팅 방지 연습 방법 / 292
정확도를 높이기 위한 연습 방법 / 293
숏퍼팅을 자주 놓치는 입스를 극복하자 / 294

동영상 레슨

03 경사와 라인, 스피드 판단법 / 296
그린 읽는 요령 / 296
내리막 경사를 극복하는 3가지 방법 / 298
오르막 경사의 퍼팅은 공격적으로 하라 / 300
터치감과 볼 스피드의 중요성 / 301
옆 경사면에서의 퍼팅 요령 / 302

PART 11 MENTALITY FOR VICTORY
부록: 이기기 위한 멘탈

01 갤러리의 시선을 즐겨라 / 306
02 장타라고 자랑하지 마라 / 307
03 이기는 골프를 하라 / 308
04 투어프로와 당신의 멘탈 강도는 다르다 / 309
05 긴장감을 해소하기 위해 투어프로들이 사용하는 방법 / 310
06 상대방이 실수했을 때 더 집중해서 강하게 압박하라 / 312
07 편안하게 이기고 있을 때가 망가지기 가장 쉬운 때이다 / 313
08 탑볼은 회복이 되나 뒤땅은 회복 불가능이다 / 314
09 자신감 넘치는 자기파가 확신 없는 정통파를 이긴다 / 316
10 한번 고수가 영원한 고수는 아니다 / 317
11 스코어에 도움이 되는 코스 매니지먼트 / 318

PRE-SWING BASICS
기본기 없이 실력 향상은 없다

골프 앞에선 타고난 재능, 탁월한 운동신경, 완벽한 신체조건 등 남들보다 우월하게 태어난 자신을 자랑하지 마라. 골프는 만능 스포츠맨인 당신을 한없이 무능하고 실망스러운 존재로 만들기에 충분한 운동이다.

PART

그립부터 체크하라

기본 그립 3가지

"그립 하나 제대로 못 잡는 사람이 무슨 골프를 친다고 그래."

이 말은 골프를 배우기 시작한 왕초보에게만 해당되는 말이 아니다. 구력이 오래 됐어도 여전히 그립조차 제대로 잡지 못하는 많은 골퍼들에게 그립의 중요성을 역설하는 말이다. 즉, 나쁜 그립을 하는 훌륭한 골퍼 없고, 좋은 그립을 하는 형편없는 골퍼 없다.

골프를 접할 때 제일 처음 배우는 것이 그립이다. 따라서 처음에 그립을 잘 배우면 골프 실력이 금방 늘지만 그렇지 못하면 망망대해에서 표류하는 신세가 된다. 그립 하나로 진정한 강호의 고수가 되느냐 아니면 흔하디흔한 자칭 고수가 되느냐하는 갈림길에 놓이게 됨을 명심하자. 이제 골프에서 가장 대표적인 3가지 그립에 대해 설명하겠다.

오버래핑 그립

오버래핑 그립(Overlapping Grip)은 영국의 프로골퍼이자 일곱 번의 메이저 대회 우승자, 당대 최고의 볼 스트라이커였던 해리 바든(Harry Vardon)에 의해서 처음 사용되었기 때문에 '바든 그립'이라고도 불린다. 그립 방식은 오른손 새끼손가락을 왼손 검지 위나 검지와 중지 사이에 포개어 놓는 형식(오른손잡이의 경우)이다.

- 적합한 골퍼 : 손이 크고 힘이 강한 골퍼, 특히 오른손 힘을 많이 사용하는 스윙을 가진 골퍼
- 장점 : 손목을 부드럽게 움직일 수 있고 원심력을 활용할 수 있다.
- 단점 : 손이 작거나 팔에 힘이 없는 골퍼에게는 유용하지 않다.

인터로킹 그립

인터로킹 그립(Interlocking Grip)은 오른손 새끼손가락을 왼손 검지와 교차시켜 끼우는 방식이다.

- 적합한 골퍼 : 손이 작거나 손목과 팔뚝의 힘이 약한 골퍼 또는 여성
- 장점 : 안정감이 있고 두 손의 일체감을 느낄 수 있다.
- 단점 : 손가락보다는 손바닥을 많이 사용하여 클럽을 잡기 때문에 손목 관절의 유연성을 살리기 힘들고 어깨에 힘이 많이 들어갈 수 있다.

텐 핑거 그립

텐 핑거 그립(Ten Finger Grip)은 열손가락을 모두 이용하여 클럽을 잡는 방식으로 야구배트를 잡을 때와 비슷하여 베이스볼 그립(Baseball Grip)이라고도 한다. 고전시대에 자연스럽게 익혀진 그립이지만 현대골프에서는 많이 사용되지 않는다.

- 적합한 골퍼 : 손목 힘이 약하거나 손가락 관절 류머티스 등으로 악력이 약한 골퍼 또는 손이 작은 여성이나 주니어 골퍼
- 장점 : 열손가락을 모두 사용하기 때문에 클럽을 가장 편하고 안정되게 잡을 수 있다.
- 단점 : 손바닥의 많은 부분이 클럽에 닿기 때문에 코킹과 원심력을 이용한 스피드를 내지 못한다.

PRE-SWING BASICS

좋은 그립을 위한 체크 포인트 4가지

좋은 그립이란 어떤 그립일까? 미국 PGA 티칭 지도서를 인용하면, 좋은 그립이란 플레이어가 가장 좋은 샷을 할 수 있는 그립이라고 한다. 즉, 거리와 방향 두 가지 목적을 모두 달성할 수 있는 그립이라는 것이다. 미국의 전설적인 골퍼 벤 호건(Ben

그립은 손가락을 이용해서 잡는다.

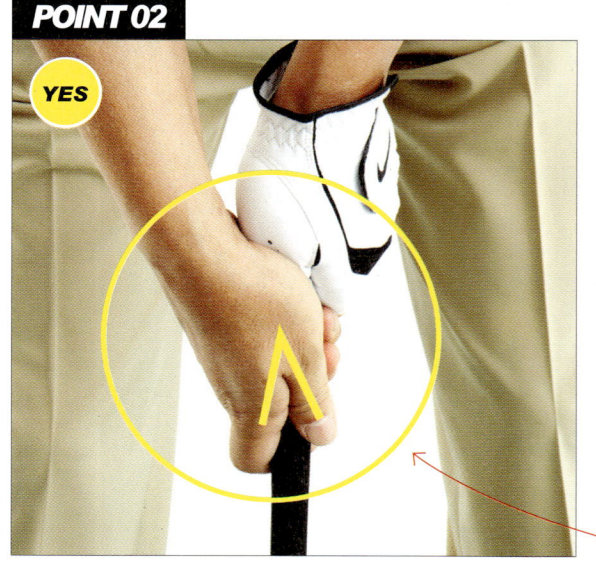

엄지와 검지 사이의 뿌리 부분을 붙인다.

PART 1 기본기 없이 실력 향상은 없다

Hogan)은 그의 유일한 골프저서에서 그립에 대해 많은 분량을 할애했는데 골퍼라면 꼭 한번쯤은 읽어볼 만한 내용이 담겨 있다. 필자는 PGA 티칭 지도서와 벤 호건의 저서 내용 중에서 핵심 부분만 요약해서 가장 주의해야 할 요소 4가지를 설명하겠다.

오른손 엄지와 검지는 권총 방아쇠를 당기듯이 잡고 검지는 엄지보다 길게 잡는다.

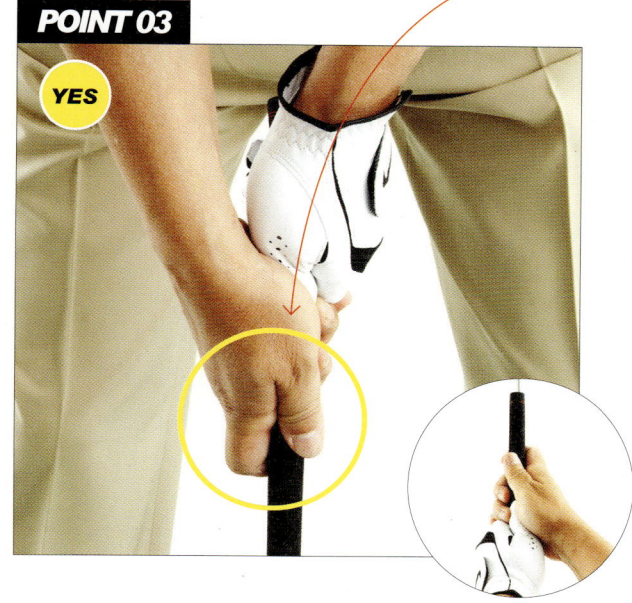

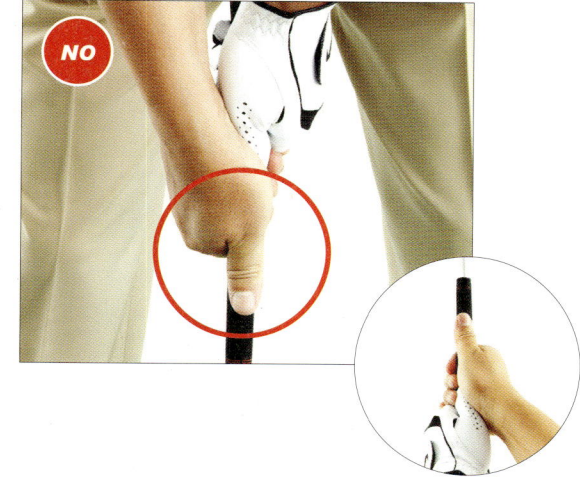

캐디에게 무의식적으로 클럽을 건네줄 때나 캐디가 건네주는 클럽의 그립을 무의식적으로 잡을 때의 강도가 적당하다.

PRE-SWING BASICS

그립의 종류와 볼 방향의 관계

그립을 잡는 방법에 따라 클럽페이스의 방향 조절이 가능해지고 볼이 날아가는 방향에 직접적인 영향을 미치게 된다. 이것을 그립의 포지셔닝(Positioning)이라고 하는데, 일반적으로 다음과 같이 3가지로 분류된다.

뉴트럴 그립

클럽을 잡은 양손 엄지가 클럽 가운데 거의 일직선상에 놓이는 모습인데 왼손등 마디가 2개 정도 보이며 엄지와 검지 사이의 V자 연장선이 코와 오른쪽 귀 사이를 향하는 그립이다. 양손이 어느 한쪽으로 돌아가지 않고 비교적 중립적인 위치에 놓여 있으며, 스윙 도중 보정 동작이 없다면 임팩트 때 스퀘어가 가장 잘 될 수 있는 그립이다.

볼 방향

22 PART 1 기본기 없이 실력 향상은 없다

클로즈드 페이스 그립

보통 스트롱 그립(Strong Grip)이라고도 불리는데 골퍼가 어드레스를 한 상태에서 위에서 봤을 때 왼손등 마디가 3개 이상 보이거나 양손 엄지와 검지 사이의 V자 연장선이 오른쪽 어깨를 향하는 그립이다. 이 그립을 하면 백스핀이 적게 걸리고 훅이 유발되기 쉬우므로 오른쪽 푸시나 슬라이스 구질을 가진 골퍼에게 효과적이다.

PRE-SWING BASICS

오픈 페이스 그립 ▶ 보통 위크 그립(Weak Grip)이라고도 불리며 클럽을 잡은 양손이 뉴트럴 그립보다 왼쪽으로 더 돌아가 있는 형태이다. 왼손등 마디가 1개 정도 보이며 왼손 엄지와 검지 사이의 V자가 가슴 중앙보다 더 왼쪽을 향하는 그립이다. 클로즈드 페이스 그립과는 반대로 슬라이스 구질이 유발되기 쉬우므로 왼쪽으로 잡아당기는 풀 샷이나 훅이 많이 나는 골퍼에게 효과적이다.

볼 방향

T.I.P. POINT

롱섬(Long Thumb)과 숏섬(Short Thumb)의 차이

클럽을 잡을 때 왼손 엄지의 길이를 어떻게 놓느냐에 따라 스윙에 변화가 생긴다. 즉, 왼손 엄지를 길게 잡을 경우에는 손가락에 유연성이 생겨 코킹이 더 잘 일어나지만 반대로 손가락을 짧게 해서 잡으면 엄지손가락이 클럽을 강하게 지탱하게 되어 코킹을 제한하게 된다. 그러므로 스윙이 작은 사람에게는 롱섬 그립이 좋고 오버스윙을 하는 사람에게는 숏섬 그립이 안성맞춤이다.

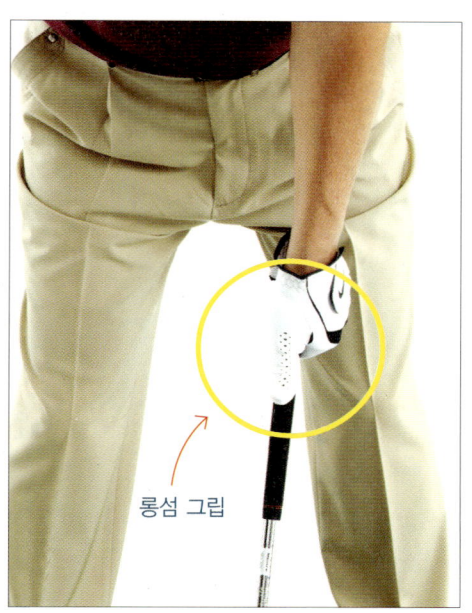

롱섬 그립

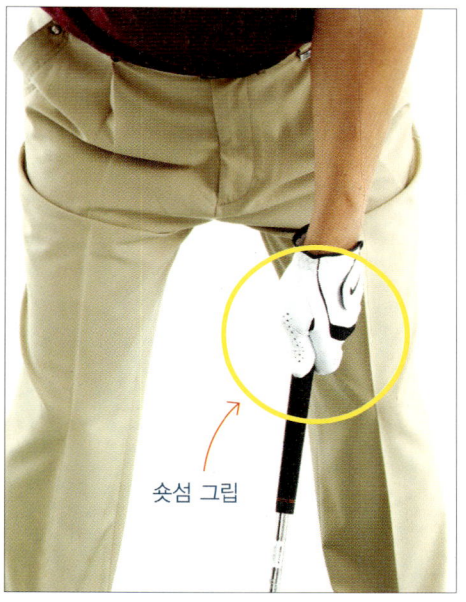

숏섬 그립

>>> 그립에 관한 정설

01 더 빠른 헤드 스피드를 원한다면 더 부드럽게 잡아야 한다.
02 어드레스 때 잡은 그립의 모습이 피니시 때 변했다면 클럽이 손 안에서 움직였단 증거이다.
03 일반적으로 그립을 짧게(내려) 잡으면 타이밍과 스퀘어 타격이 개선된다.
04 골프 장갑에 왼손바닥 두툼한 부분이 일찍 닳는다면 손가락으로 견고하게 잡지 못했다는 증거이다.

최상의 샷을 만드는 셋업 요령

올바른 에임과 얼라인먼트를 하는 방법

조준, 즉 에임(Aim)은 눈, 볼, 타깃의 관계이다. 먼저 볼과 타깃방향을 연결하는 직선을 연상해보자. 그 가상의 선을 에임라인(Aim Line) 또는 타깃라인(Target Line)이라고 부른다. 조준을 할 때는 반드시 클럽페이스를 먼저 타깃라인에 직각으로 맞춘 다음 몸을 정렬해야 한다.

그 다음 볼을 치기 위해 몸의 방향을 맞추는 것을 정렬, 즉 얼라인먼트(Alignment)라고 하는데, 눈, 어깨, 엉덩이, 무릎, 양발 등이 타깃라인과 평행하게 정렬되어야 한다. 물론 페이드(Fade)나 드로우(Draw) 같은 기술 샷을 치기 위해서 얼라인먼트를 조절할 수도 있으나 여기에서는 일단 기본 사항을 먼저 정리하겠다.

정렬방향　타깃라인(에임라인)

01 타깃라인과 발 사이에 2개의 클럽이나 스틱을 평행하게 놓고 어드레스를 한다.

02 그 상태에서 클럽을 가슴 높이로 올려 양손으로 타깃라인과 평행하게 잡고 몸의 정렬(얼라인먼트)을 확인한다.

타깃라인

조준점

03 정렬을 확인한 후 1~2m 앞 타깃라인상의 한 지점을 정하고 그곳에 조준(에임)을 한다.

최상의 샷을 만드는 셋업 요령

PRE-SWING BASICS

적절한 스탠스 취하기

5번 아이언을 잡을 때의 스탠스 안쪽 너비와 어깨너비가 일치됨을 기준으로 클럽 별로 조금씩 넓히거나 좁힌다. 스탠스는 개인마다 약간의 편차가 있으며 자연스러움을 염두에 두고 서야 한다.

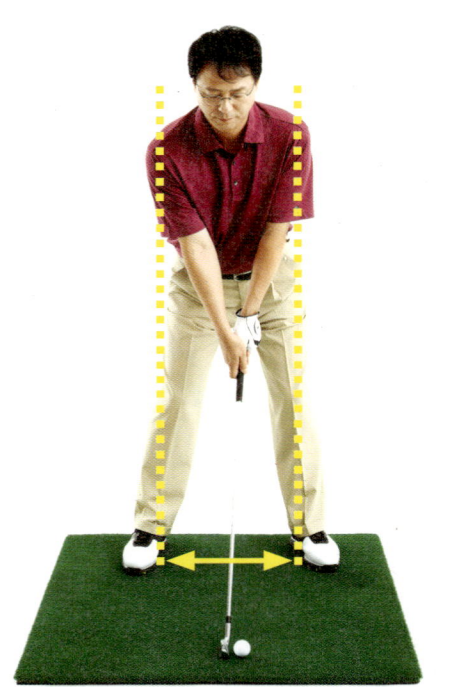

스탠스의 폭이 어깨너비와 비슷하거나 조금 넓은 스탠스로 롱 아이언 및 우드, 드라이버 등에 적합하다.

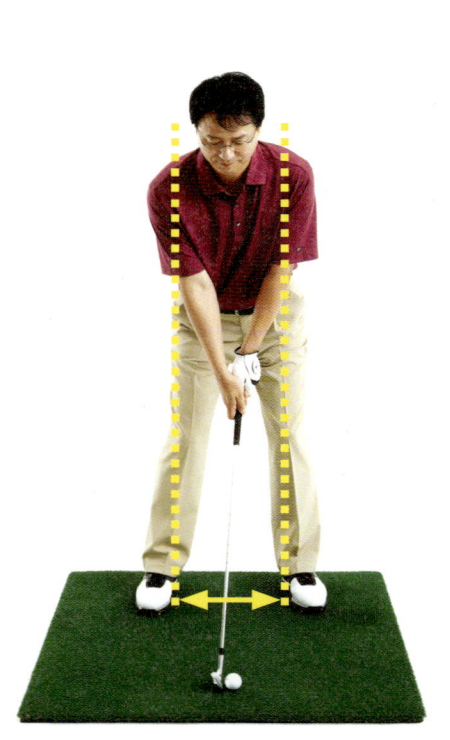

스탠스의 폭이 어깨너비보다 조금 좁은 스탠스로 7~9번 아이언과 같은 미들 아이언에 적합하다.

스탠스의 폭이 어깨너비보다 많이 좁은 스탠스로 피칭웨지, 샌드웨지 등 숏 아이언에 적합하다.

볼의 올바른 위치

7번 아이언의 볼의 위치를 스탠스 중간으로 정하고 긴 클럽일수록 볼 반개씩 왼발 쪽으로 이동시킨다. 드라이버는 왼발 뒤꿈치 선상에 일치하도록 하고, 숏 아이언은 스탠스 중간이나 약간 오른쪽으로 이동도 가능하다.

9번 아이언   7번 아이언   5번 아이언   3번 아이언   드라이버

PRE-SWING BASICS

어드레스 자세의 체크 포인트 6가지

POINT 01
머리는 볼을 두 눈으로 똑바로 주시했을 때의 위치를 유지한다.

POINT 02
어드레스에서 그립을 잡을 때 오른손이 내려간 만큼 오른쪽 어깨도 내려가게 되므로 척추도 자연스럽게 오른쪽으로 살짝 기울게 된다.

POINT 03
엉덩이부터 등을 한 덩어리로 생각하고 등을 곧게 편 채 앞으로 숙인다(등만 구부리면 안 된다.).

POINT 06
왼팔은 곧게 펴고 오른팔은 팔꿈치를 약간 안으로 구부린 채로 자세를 취한다.

POINT 04
엉덩이는 뒤로 뺀 채 위로 약간 올려준다.

POINT 05
무릎을 조금만 구부려준다.

PRE-SWING BASICS

볼과 몸과의 적절한 간격

아이언은 주먹 1개, 드라이버는 1개 반 크기 정도가 여유 있게 통과할 수 있는 간격이 적당하다.

아이언은 몸과 그립 끝 사이의 간격이 주먹 1개 크기 정도가 적당하다.

드라이버는 몸과 그립 끝 사이의 간격이 주먹 1개 반 크기 정도가 적당하다.

올바른 체중 분배

왼발:오른발의 체중 분배 비율은 드라이버가 4:6, 롱 아이언과 미들 아이언은 5:5, 숏 아이언은 6:4가 적당하다.

드라이버의 올바른 체중 분배-오른발에 체중을 살짝 더 싣는다.

숏 아이언의 올바른 체중 분배-왼발에 체중을 살짝 더 싣는다.

롱·미들 아이언의 올바른 체중 분배-양발에 체중을 균등하게 싣는다.

PART 2

THE BASIC SWING
골프 실력을 향상시킬 스윙 핵심 개념

한번 익혀진 스윙은 평생 동안 자신의 스윙으로 굳어질 수 있다. 따라서 나중에 교정할 때는 엄청난 노력이 필요할 뿐만 아니라 교정이 불가능한 경우도 있다. 그러므로 시간이 걸리더라도 처음부터 기본기를 충실히 익혀야 하며 정통성이 있는 스윙을 습득하는 것이 나중에 고난의 행군을 방지하는 길이다.

THE BASIC SWING

① 테이크어웨이

양팔의 삼각형과 손목각도를 유지하라

테이크어웨이는 백스윙 초기에 클럽을 타깃 반대방향으로 움직이면서 클럽헤드가 정상적인 스윙 플레인의 진입할 수 있도록 하는 동작이다. 초기 동작을 서두르지 않고 매끄럽게 함으로써 성공적인 스윙을 예감할 수 있다.

먼저 어드레스 때 어깨와 양팔로 이루어진 삼각형과 손목각도를 그대로 유지한 상태로 클럽헤드를 타깃 반대방향으로 일직선으로 빼면서 왼쪽 어깨를 부드럽게 회전시키면 클럽헤드가 자연스럽게 약간 인사이드로 진행된다.

정면

어깨와 양팔이 이루는 삼각형을 그대로 유지한다.

왼쪽 어깨를 자연스럽게 회전시킨다.

클럽헤드를 30cm 정도 일직선으로 빼준다.

측면

왼쪽 어깨가 회전하면서 클럽헤드를 일직선으로 빼주면 자연스럽게 인사이드로 진행하게 된다.

테이크어웨이 37

THE BASIC SWING

올바른 스윙궤도 진입 요령

손목코킹을 너무 빨리 해서 클럽헤드가 바깥쪽으로 올라가거나 처음부터 양팔을 오른쪽으로 비틀어서 클럽이 뒤쪽으로 너무 완만하게 진행되는 것을 방지해야 한다.

YES — 클럽헤드가 양손과 볼 사이로 진행되어야 한다.

NO — 클럽헤드가 볼의 위치보다 바깥쪽으로 진행되면 안 된다.

NO — 클럽헤드가 양손의 위치보다 안쪽으로 진행되면 안 된다.

척추각도를 유지하라

어드레스 때 숙여진 척추각도를 그대로 유지하면서 어깨와 팔만 움직여야 하며, 엉덩이를 미리 회전시켜서는 안 된다.

어드레스 때 숙여진 척추각도를 테이크어웨이에서도 그대로 유지한다.

YES

백스윙 때 척추각도가 변하여 상체를 숙인다.

백스윙 때 척추각도가 변하여 상체가 일어난다.

2 백스윙

손목코킹 요령

백스윙은 상체와 하체의 꼬임을 통해서 스윙에 필요한 파워를 축적시키는 과정이다. 동시에 스윙의 형태, 즉 스윙 플레인이 결정되는 과정이기도 하다.

코킹은 백스윙 때 손목을 사용하여 스윙을 더 길게 만들뿐만 아니라 다운스윙에서 스윙 스피드를 높여 임팩트를 강하게 만드는 중요한 동작이다. 올바른 코킹은 손목을 적정한 스윙 플레인(어드레스 때 볼과 어깨를 연결하는 연장선) 방향으로 꺾어주는 것을 말하며, 코킹의 시작과 끝은 정해지지 않았으나 손이 오른쪽 허벅지를 지날 무렵 시작해서 계속 진행되다가 백스윙톱에서 완성되는 것이 일반적이다. 자신의 키와 셋업의 형태에 따라 스윙 플레인이 달라지므로 코킹도 스윙 플레인의 방향으로 이루어져야 하는 것이 중요한 포인트이다.

YES 코킹을 한 모습

NO 코킹을 안 한 모습

스윙 플레인 방향으로 올바르게 코킹이 된 모습

스윙 플레인 방향보다 업라이트하게 코킹이 된 모습

스윙 플레인 방향보다 플랫하게 코킹이 된 모습

백스윙 41

THE BASIC
SWING

올바른 손목코킹 타이밍

코킹의 시작은 손이 오른쪽 허벅지를 지날 때를 기준으로 하되 손목코킹이 잘 안 되는 사람은 코킹을 보다 일찍 시작하는 것이 좋고(얼리 코킹), 손목을 많이 쓰는 사람은 조금 늦게 시도하는 것이 좋다(레이트 코킹).

일반적인 코킹은 양손이 오른쪽 허벅지를 지나면서 이루어진다.

얼리 코킹은 양손이 오른쪽 허벅지를 지나기 전에 이루어진다.

레이트 코킹은 양손이 허리 높이를 지난 후에 이루어진다.

백스윙 때 클럽페이스 방향

　백스윙에서 중요한 부분은 중간 점검 단계로써 샤프트가 지면과 평행이 되면서 동시에 타깃라인과도 평행이 되는 시점이다. 이때는 클럽헤드의 리딩에지(Leading Edge)가 지면과 수직이거나 상체를 숙인 각도 사이에 있어야 한다. 이것을 백스윙의 스퀘어 포지션(Square Position)이라 한다.

스퀘어 클럽페이스

열린 클럽페이스-슬라이스의 원인

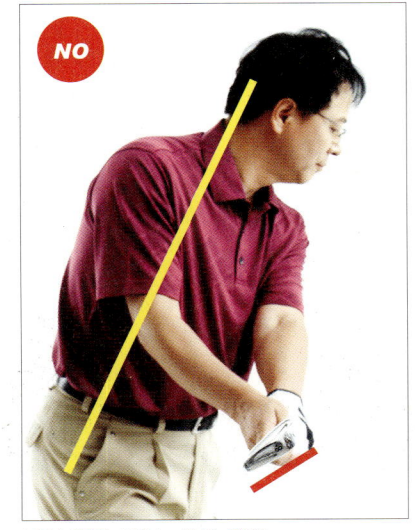

닫힌 클럽페이스-훅의 원인

THE BASIC SWING

올바른 꼬임 요령

올바른 백스윙의 꼬임은 손과 팔, 어깨 회전을 먼저 하고 그 꼬임에 따라 엉덩이를 회전시켜야 한다. 이때 엉덩이가 오른쪽으로 밀리는 스웨이(Sway) 동작이나 상체가 왼쪽으로 기울어지는 리버스 피봇(Reverse Pivot) 동작이 일어나지 않도록 하며 왼쪽 어깨가 턱 밑까지 올 수 있도록 어깨는 최대한 회전시킨다.

왼쪽 어깨는 턱 밑까지 오도록 충분히 회전시킨다.

엉덩이는 밀리지 않고 제자리에서 회전해야 한다.

엉덩이가 오른쪽으로 밀린 스웨이 동작

상체가 왼쪽으로 기울어진 리버스 피봇 동작

강한 파워를 만드는 요령

 백스윙톱에서 엉덩이는 45도, 어깨는 90도 회전이 이상적이라고 하지만 이것은 교과서적인 표현일 뿐 개인의 유연성에 따라 다르다. 또한 더 역동적인 스윙을 하려면 그보다 더 또는 덜 회전시킬 수도 있다. 핵심은 엉덩이 회전과 어깨 회전과의 차이가 크면 클수록 더 많은 파워를 생성할 수 있다는 점이다.

파워를 위해 회전을 많이 해도 어깨와 엉덩이가 함께 많이 회전하면 각도 차가 작아져서 큰 힘을 발휘할 수 없다.

어깨 회전 각도와 엉덩이 회전 각도의 차가 클수록 강한 파워를 발휘할 수 있다.

오른쪽 허벅지 안쪽에 긴장이 느껴지면서 체중을 느껴야 한다.

체중이 오른발에 더 실린다.

엉덩이 회전이 너무 작으면 어깨 회전도 잘 되지 않아 어깨와 엉덩이의 회전 각도 차가 작아진다.

THE BASIC SWING

이때 상체와 하체가 오른쪽으로 회전하기 때문에 체중은 자연스럽게 오른발 위로 많이 옮겨진다. 여기서 주의할 점은 체중을 의도적으로 오른발 쪽으로 옮기려고 하면 몸이 오른쪽으로 밀려나가는 스웨이 동작이 일어나서 정확한 임팩트를 방해하게 된다. 따라서 이를 방지하려면 오른쪽 허벅지 안쪽에 긴장이 느껴질 정도로 버텨줘야 한다.

▶ 정확한 임팩트를 방해하는 스웨이 동작

엉덩이가 밀려서 스웨이가 일어난다.

상체가 지나치게 밀려서 스웨이가 발생한다.

무릎이 밀려서 스웨이가 일어난다.

자신에게 맞는 스윙 플레인을 만들어라

클럽이 올라가는 스윙 플레인은 대개 어드레스에서 상체를 숙이는 각도에 따라 결정된다. 즉, 어드레스 때 상체를 많이 숙이면 업라이트 스윙이 되고 많이 세우면 플랫한 스윙이 된다. 따라서 키가 큰 사람은 어드레스 때 상체를 많이 숙이게 되어 가파른 백스윙을 하게 되고, 키가 작은 사람은 덜 숙이게 되어 플랫한 스윙을 하는 것이 자연스럽다.

키가 큰 사람은 상체를 많이 숙이는 경향이 있기 때문에 가파른 스윙 플레인이 이루어지는 것이 보통이다(업라이트 스윙).

키가 작은 사람은 상체를 많이 세우는 경향이 있기 때문에 완만한 스윙 플레인이 이루어지는 것이 보통이다(플랫 스윙).

3 백스윙톱과 다운스윙 전환

이상적인 백스윙톱

이상적인 백스윙톱은 첫째, 상하체가 한쪽으로 쏠리지 않고 균형이 잘 잡혀 있어야 하고 둘째, 타이트하게 꼬인 상태로 파워가 충분히 장착되어 있는 모습이어야 한다.

POINT 01
어깨는 90도, 엉덩이는 45도 이상 돌려주는 것이 이상적이다.

POINT 02
체중은 오른발 위에 70% 이상 실려야 한다.

POINT 03
코킹은 완성되어 샤프트가 지면과 거의 수평을 이루는 정도가 좋다.

POINT 04
양 다리는 위로 좁아지는 사다리꼴 모양을 이루는 것이 좋다.

THE BASIC SWING

하체를 먼저 움직여라

　백스윙톱이 완성되기 전에 하체의 다운스윙은 먼저 시작된다. 스윙은 정지된 동작이 아니라 피니시까지 연속으로 움직이는 한 동작이다. 따라서 스윙을 천천히 하기 위해 백스윙톱에서 한 박자 쉰다고 해도 하체의 움직임은 계속되고 있는 것이다. 즉, 백스윙톱이 완성될 때 하체의 다운스윙은 이미 시작된다.

다운스윙 전환 1단계

상체는 계속 백스윙톱으로 진행 중이다.

하체는 백스윙톱이 완성되기 직전에 타깃방향으로 회전하기 시작한다.

다운스윙 전환 2단계

백스윙톱이 끝나면 상체도 타깃방향으로 움직이기 시작한다.

하체는 계속 타깃방향으로 회전 중이다.

스윙이 급하다면 톱에서 한 박자 쉬어 가라

개인이 가지고 있는 스윙의 흐름에는 각자의 리듬과 템포가 존재한다. 따라서 스윙 템포가 빠른 사람도 스윙을 할 때 동작의 순서를 잘 지킨다면 전혀 문제될 것이 없다. 다만 다운스윙으로의 전환 동작이 너무 빠르면 상체의 들썩거림과 아웃 투 인(Out to In) 궤도로 덮어 치는 동작, 손목이 빨리 풀리는 부작용 등이 쉽게 발생할 수 있다. 이때는 평정심을 갖고 백스윙톱에 올라가면 한 박자 쉬어가는 느낌으로 스윙을 익히는 것이 좋다.

전환 동작이 너무 빠른 때의 오류

상체가 백스윙 때 들렸다가 다운스윙 때 떨어지는 현상

손목코킹이 일찍 풀리는 캐스팅 현상

잘못된 아웃 투 인 궤도

올바른 인 투 인 궤도

THE BASIC
SWING

강력한 다운스윙을 위한 준비

　스윙의 파워는 상체와 하체의 꼬임에 의해서 만들어지는데, 백스윙 때 엉덩이가 돌아간 각도와 어깨가 돌아간 각도의 차가 크면 클수록 더 큰 파워를 낼 수 있다. 결론적으로 엉덩이는 적게 돌고 어깨가 많이 회전되어야 가장 큰 파워를 낼 수 있는 것이다. 이러한 개념을 미국의 유명 골프교습가 짐 맥클린(Jim Mclean)이 주장하는 X-팩터(X-Factor)의 기본이라 할 수 있다.

백스윙톱에서의 X-팩터

어깨는 최대한 많이 회전시킨다.

엉덩이는 비교적 적게 회전시킨다.

움직이는 골프스윙에서의 진정한 X-팩터란 다운스윙 전환 동작에서 어깨는 여전히 백스윙 방향으로 돌아가고 있지만 하체는 이미 다운스윙을 시작하여 백스윙 때 돌아갔던 엉덩이가 다시 제자리로 돌아오기 때문에 어깨 회전과 엉덩이 회전의 각도 차이가 가장 많이 나는 것을 말한다. 그리고 이 차이가 크면 클수록 임팩트에 필요한 더 많은 힘을 실을 수 있다. 따라서 주말골퍼들도 이 동작을 이해하면 다운스윙 때 더 많은 파워를 발휘할 수 있다.

전환 동작에서의 X-팩터 확장

어깨는 하체 회전 각도와의 차이를 극대화시키기 위해 늦게 회전하기 시작한다.

하체는 상체보다 먼저 다운스윙 방향으로 회전한다.

THE BASIC SWING

4 다운스윙

POINT 04 어깨를 회전시키면서 양팔이 따라 내려오도록 한다.

POINT 03 엉덩이를 원래 자리로 이동시키면서 턴을 한다.

POINT 02 왼쪽 무릎을 타깃쪽으로 약간 벌린다.

POINT 01 왼발로 지면을 딛는다.

다운스윙의 순서를 지켜라

다운스윙은 백스윙을 통해 축적한 파워를 역동적으로 사용하는 구간이며, 볼의 방향과 거리를 결정짓는 스윙궤도와 헤드 스피드를 생성시키는 구간이기도 하다.

다운스윙에서 가장 중요한 사항은 스윙의 순서를 지키는 일이다. 다운스윙의 순서는 백스윙의 역순, 즉 발-무릎-엉덩이-어깨-팔-손의 순서로 진행되어야 한다. 하체가 먼저 움직이고 상체가 따라가는 것이 파워를 가장 효과적으로 낼 수 있는 스윙인 것이다. 아마추어 선수로서 전 세계 프로선수들을 제치고 한 시대를 풍미했던 미국의 전설 바비 존스(Bobby Jones)의 말에서도 다운스윙 순서의 의미를 알 수 있다. 그는 생전에 "후세에 스윙은 변할 수 있지만 다운스윙의 순서만큼은 변함이 없을 것이다"라는 확신에 찬 말을 했다. 필자도 이 말에 전적으로 동의한다.

POINT 05 팔이 내려올 때 오른쪽 팔 팔꿈치는 바지 오른쪽 주머니를 가리켜야 한다.

POINT 06 클럽샤프트는 어깨와 팔 사이로 가로지르며 내려오도록 한다.

POINT 07 손목코킹은 손이 엉덩이 높이에 올 때까지 유지한다.

POINT 08 클럽헤드는 반드시 인사이드 궤도로 볼에 접근해야 한다.

POINT 09 체중이동은 계속 왼쪽으로 진행되어야 하며 다리와 상체가 타깃 쪽으로 밀리지 않도록 왼발 옆에 벽이 세워져 있다는 상상을 한다.

THE BASIC SWING

어깨의 방향이 다운스윙 궤도를 결정한다

다운스윙에서 어깨의 움직임은 매우 중요하다. 어깨의 회전 방향으로 스윙궤도가 이루어지기 때문이다. 어깨가 정상적으로 돌면 궤도는 인 투 인 궤도가 된다. 하지만 오른쪽 어깨가 뒤쪽 아래로 떨어지면서 돌면 인 투 아웃 궤도가 되고, 오른쪽 어깨가 볼 쪽으로 쏠리면서 돌게 되면 아웃 투 인 궤도, 즉 엎어 치는 스윙이 된다. 다시 말해 스윙궤도는 어깨궤도를 따라가고 클럽헤드는 그립 끝을 따라간다.

가장 좋은 다운스윙 궤도는 인 투 인 궤도이며, 인 투 아웃 궤도는 드로우 구질을 만들어 낼 수 있어서 비거리에 도움이 된다. 그러나 아웃 투 인 궤도가 심하면 볼이 처음에는 왼쪽으로 가지만 결국은 슬라이스가 심해지고 거리가 짧아지므로 슬럼프의 주범이 된다. 아웃 투 인 궤도는 특별한 샷(페이드)을 치기 위한 경우를 제외하면 가장 주의해야 할 궤도이다. 아웃 투 인 궤도는 골퍼에겐 공공의 적이다.

인 투 인 궤도  / 인 투 아웃 궤도  / 아웃 투 인 궤도

역동적인 다운스윙 요령

골프는 정확성만으로는 해결되지 않는 문제가 많다. 결국 거리를 충분히 낼 수 있는 능력도 함께 갖춰야 하는데 비거리를 위해서는 여러 가지 요소들이 필요하다. 즉, 체중이동, 코킹을 이용한 레버리지 효과의 극대화, 헤드 스피드 등이 있는데, 이러한 요소들 이전에 가장 기본적인 조건은 전체적인 스윙이 역동적으로 이루어져야 한다는 것이다. 폼이 좋고 부드러운 스윙도 좋지만 다운스윙을 빠르고 역동적으로 해줘야 거리에 대한 목적을 달성할 수 있다.

역동적인 스윙을 위해서는 스윙축을 중심으로 몸의 회전을 빨리하는 동시에 팔의 속도도 최대한 빨리 해줘야 한다. 최근에는 큰 근육과 몸 전체의 회전에 의한 바디 턴 스윙을 강조한 나머지 팔의 역할이 간과되기가 쉬운데 팔도 반드시 몸이 회전하는 속도에 맞춰서 충분히 빠르게 휘둘러야 함을 잊지 말자. 이 동작을 극대화하기 위한 연습방법으로 스위시(Swish) 드릴을 익혀보자. 오른손과 왼손으로 스윙을 10회씩 반복하며 시간이 날 때마다 실시한다.

DRILL > 스위시 드릴(Swish Drill)

오른손으로 5번 아이언을 거꾸로 잡고 백스윙을 한다.

다운스윙을 가장 빠른 속도로 한다. 이 때 '휙~' 소리가 반드시 임팩트 존 앞쪽(노란 부분)에서 더 크게 나야 한다.

속도를 늦추지 말고 피니시까지 빠르게 도달한다.

THE BASIC SWING

올바른 체중이동 요령

골퍼들 사이에서 가장 오해가 많은 부분이 체중이동이다. 스윙을 할 때 체중을 실어서 볼을 치면 임팩트가 강해지는 것은 사실이다. 하지만 체중이동을 적극적으로 하다 보면 몸이 양쪽으로 너무 많이 움직여서 오히려 임팩트가 부정확해지며 거리 손실까지 가져올 수 있다. 아마도 체중이동이라는 말에서 오는 개념 자체가 오해의 소지가 많은 것 같다. 서양의 골프지도서에는 체중이동이란 말 대신 다이내믹 밸런스(Dynamic Balance)라는 말을 쓰기도 하는데 역동적인 동작 안에서의 균형(동적 균형)을 말한다.

척추축을 중심으로 회전해야 올바른 체중이동이 되면서 강력한 파워를 발휘할 수 있다.

양발 안쪽에서 올바른 체중이 이루어지려면 백스윙 때 오른쪽 허벅지 안쪽으로 저항을 느껴야 한다.

몸이 왼쪽으로 밀리지 않도록 왼발로 바닥을 강하게 디딘다.

올바른 체중이동은 양발 안쪽에서 이루어져야 하며 회전축(몸의 척추축)을 중심으로 회전하는 동작과 함께 이루어져야 한다. 즉, 스윙을 할 때 양옆으로 움직이는 동작을 많이 이용하지 말고 축을 중심으로 회전하는 동작을 더 사용해야 한다는 것이다. 쉽게 설명하면 백스윙 때는 오른쪽 허벅지 안쪽에 강한 저항이 느껴지게 하여 몸이 오른쪽으로 밀려가지 않도록 하고, 다운스윙 때는 왼발바닥으로 지면을 강하게 디뎌 왼쪽으로 쏠려나가는 것을 방지해야 한다. 돌을 끈에 묶어서 돌릴 때 중심점, 즉 손을 제자리에 고정한 채 돌리면 가장 빠르고 일정한 원이 그려지게 되지만 손을 양옆으로 움직이면서 돌리면 원도 일정하게 그려지지 않을 뿐만 아니라 속도도 느려지는 원리와 마찬가지이다.

척추축을 너무 많이 벗어나서 회전하면 순간적인 빠른 스피드를 발휘할 수 없다.

오른쪽 무릎이 밀리기 때문에 오른쪽 허벅지 안쪽으로 저항을 느낄 수 없다.

왼발이 떨어지면 안 된다.

THE BASIC SWING

5 임팩트

POINT 01
어깨는 타깃라인과 평행 또는 약간 열린다.

POINT 02
엉덩이는 30~45도 정도 열린다.

POINT 03
왼팔은 직선으로 펴져 있으며 왼손목이 평평한 상태를 이룬다.

POINT 04
임팩트 순간에는 손이 볼보다 조금 앞서 있다.

POINT 05
체중이 왼발에 80% 이상 실린 상태를 이룬다.

강력한 임팩트 자세

골프스윙에서 볼을 직접적으로 터치하는 순간은 임팩트 뿐이다. 따라서 골프스윙의 모든 과정은 올바른 임팩트를 위한 준비 과정이라고 말할 수도 있다. 이제 스윙에서 가장 중요한 순간인 임팩트를 올바로 하는 방법을 알아본다.

POINT 07 오른팔 팔꿈치는 몸 안쪽으로 조금 구부러지며 바지 오른쪽주머니를 향한다.

POINT 08 클럽페이스가 타깃라인에 직각이다.

POINT 06 오른발 뒤꿈치가 약간 들린 상태이다.

THE BASIC SWING

디봇을 내기 위한 다운 블로우 요령

일반적으로 우드나 롱 아이언 등 긴 클럽을 칠 때는 디봇이 생기지 않아도 좋은 결과를 얻을 수 있다. 그러나 미들 아이언보다 짧은 클럽을 칠 때에는 적정한 디봇이 생겨야 더 좋은 임팩트가 이루어진 샷이라 볼 수 있다. 누구든지 디봇이 생기도록 칠 수는 있지만 그 디봇이 어느 지점에서 만들어지느냐가 관건이다. 디봇 자국이 볼의 위치보다 먼저 나면 뒤땅이 되는 것이고 나중에 생기면 굿 샷이 되는 것이다. 이렇게 아이언을 칠 때 정확한 위치에서 디봇이 생길 수 있도록 하기 위한 방법을 알아보자.

01 백스윙 때 몸이 오른쪽으로 너무 많이 이동되지 않도록 한다.

02 다운스윙 때 손목코킹을 유지하며 클럽이 볼에 접근하는 각도를 가파르게 내려준다.

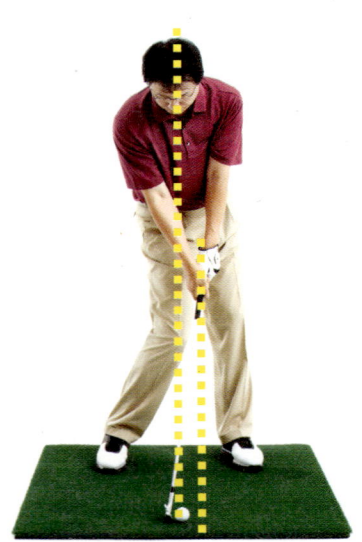

03 임팩트 때 머리는 볼 위에, 손은 볼보다 약간 앞서 있도록 한다.

견고한 임팩트를 위해 반드시 없애야 할 2가지 동작

　모든 골퍼들은 폭발적인 임팩트를 구사하고 싶지만 현실은 그렇지 않다. 연습을 많이 하는 골퍼라 할지라도 좋은 임팩트가 형성되기까지는 많은 세월이 걸릴 수 있다. 그 이유는 악성 바이러스 같은 동작들이 나와 견고한 임팩트 형성을 방해하기 때문이다. 그 중 가장 대표적인 동작이 캐스팅(Casting)과 스쿠핑(Scooping)이다.

▶ 캐스팅

　캐스팅은 낚시를 할 때 낚싯줄을 멀리 던지기 위해 오른팔 팔꿈치와 손목을 풀면서 손목 스냅을 이용하여 낚싯대를 던지는 동작이다. 마찬가지로 골퍼가 다운스윙을 할 때 오른팔 팔꿈치를 먼저 펴고 손목코킹을 미리 풀게 되면 클럽이 내려오는 과정에서 이미 클럽헤드가 최대 속도를 이루게 되고 정작 임팩트 존에서는 속도가 떨어지게 되어 임팩트가 약해지게 된다. 이럴 땐 마치 딱딱한 막대기로 볼을 치는 느낌을 받게 되며 양팔로 뻣뻣하게 볼을 퍼올리듯이 치게 된다. 그 결과 뒤땅을 치거나 디봇이 형성되지 않는다.

　이러한 동작을 퇴치하기 위해서는 다운스윙 때 손목코킹을 좀 더 오래 유지하는 레이트 히트(Late Hit)를 터득해야 한다. 이 동작을 위해 헤드커버를 이용한 다운스윙 연습을 소개하겠다.

다운스윙 때 손목코킹이 유지되지 않고 먼저 풀리면 클럽헤드가 볼에 다다르기 전에 최저점이 이루어져 땅을 먼저 치게 된다(뒤땅).

THE BASIC SWING

DRILL 01 > 클럽헤드 커버 연습 방법

01 볼 뒤 30cm 지점에 클럽헤드 커버를 놓고 다운 스윙을 가파르게 실시한다.

02 그 커버를 건드리지 않고 볼을 칠 수 있도록 한다. 커버를 건드리지 않기 위해서 무의식적으로 손목코킹이 마지막까지 유지되게 하는 연습 방법이다.

스쿠핑

스쿠핑은 아이스크림을 뜨는 수저모양의 도구(Scoop)로 아이스크림을 뜰 때 오른쪽 손목을 앞으로 구부리면서 퍼내는 동작을 말한다. 대체로 볼을 의도적으로 띄우고자 할 때 많이 발생하는 동작인데 골프스윙에서는 캐스팅, 블로킹(Blocking)과 더불어 3대 악성 동작으로 구분할 수 있다. 임팩트 존에서 손목을 쓰는 스쿠핑 동작이 일어나면 주로 탑핑성 스윙이 되어 볼이 오히려 더 낮게 날아가는 것이 보통이다. 이 동작을 바로 잡기 위해서는 임팩트 때 반드시 손이 볼보다 앞서 있어야 하고 스쿠핑 대신 릴리스를 올바르게 해서 양손목이 왼손등 쪽으로 굽어지는 동작을 방지해야 한다. 연습 방법으로는 임팩트백을 이용한 드릴이 있다.

오른쪽 손목을 구부려 볼을 띄우려고 하면 탑볼이 발생하기 쉽다.

DRILL 02 > 임팩트백 드릴

손이 클럽헤드보다 앞선 채로 임팩트백을 쳐야 한다. 이런 방법으로 하루에 100개씩 1주일만 친다면 스쿠핑은 사라질 것이다.

THE BASIC SWING

6 릴리스와 팔로스루

POINT 01
임팩트 후 엉덩이와 팔을 돌려서 클럽이 지나갈 수 있는 길을 터주도록 한다.

POINT 02
임팩트 후 30~60cm 지점에서는 양팔이 펴지며 왼팔 팔꿈치가 지면을 향하도록 한다.

POINT 03
임팩트존을 지나면서 양팔의 팔뚝이 돌아가는 동작(Forearm Rotation)이 이루어져야 하며, 양손이 왼쪽 엉덩이 높이에 오게 되면 양 팔뚝의 회전 결과로 오른손이 왼손 위로 포개어 올라가게 된다.

볼에 힘과 정확성을 싣는 릴리스 자세

릴리스는 스윙 센터(목 바로 아래 가슴 중앙 또는 등 뒤 목 아래 척추가 시작되는 곳)를 중심으로 팔이 회전하는 원심력에 의해서 양손이 자연스럽게 회전하면서, 임팩트 때 어드레스 자세와 같이 클럽페이스가 타깃라인과 직각이 될 수 있도록 하는 동작이다. 그리고 팔로스루는 다운스윙 때 클럽이 회전하는 원심력의 관성에 의해서 계속 진행되는 자연스러운 연속동작이다.

POINT 04
양손이 어깨 높이로 올 때 손목코킹이 다시 이루어지면서 클럽은 지면에 수직이 된다.

POINT 05
체중이동이 점차 완성되고 왼쪽 무릎도 점차 펴지면서 오른발 뒤꿈치도 왼쪽으로 따라 올라간다.

POINT 06
왼쪽 팔꿈치가 지면을 향한 채 계속 따라 올라가면서 피니시로 진입한다.

THE BASIC SWING

릴리스를 방해하는 동작

일반 골퍼들이 릴리스를 어렵게 느끼는 가장 큰 원인은 경직되고 활발하지 못한 왼팔의 동작 때문이다. 임팩트 존을 거치면서 클럽이 타깃방향으로 거침없이 나아가야 하는데도 불구하고 왼팔이 그 길을 막고 있는 현상을 말하는데 이를 블로킹이라 한다. 임팩트 후에도 왼팔 팔꿈치가 지면을 향하지 않고 타깃방향을 향하게 되고 결국은 왼쪽 팔꿈치가 위로 들리는 동작, 즉 치킨 윙(Chicken Wing)이 형성되어 샷의 효율성을 떨어뜨린다.

블로킹 현상이 생기면 클럽헤드 스피드도 감소할 뿐만 아니라 클럽페이스가 열릴 수 있기 때문에 슬라이스가 쉽게 유발된다. 따라서 이것을 방지하기 위해서는 임팩트 존에서 왼손등에서 손바닥이 보이도록 왼손을 돌리는 동작을 해서 임팩트 후 오른손이 왼손 위로 포개져 올라가는 동작, 즉 포어암 로테이션을 해줘야 한다.

릴리스가 더 활발하게 일어나게 하기 위한 연습으로는 클럽을 가슴 높이까지 들고 야구스윙같이 수평으로 클럽을 휘두르는 방법이 있다. 이렇게 하면 양팔의 로테이션이 활발하게 일어나며 릴리스 감각을 크게 개선시킬 수 있다.

임팩트 존에서 왼손이 회전되지 않으면 임팩트 후 왼쪽 팔꿈치가 지면이 아닌 타깃방향을 향하게 되어 위로 들리는 동작이 일어난다.

올바른 릴리스를 위한 연습 방법

DRILL 01 > 수평 스윙 연습

01 클럽을 가슴 높이로 들어 올린다.

02 야구스윙을 하듯 백스윙을 한다.

03 스윙을 하며 올바른 릴리스를 위한 양팔 로테이션의 느낌을 익힌다.

THE BASIC SWING

DRILL 02 > 양발 모으고 스윙하기

릴리스가 적극적으로 일어나게 하기 위해서는 양발을 모으고 스윙연습을 하는 것이 효과적이다. 양발을 모으면 하체와 몸의 움직임이 제한되며 거의 양팔로만 스윙을 할 수 있게 되는데 이때 릴리스의 동작도 매우 쉽고 자연스럽게 이루어진다.

01 양발을 모으고 어드레스 자세를 취한다.

02 양발을 모은 상태에서 백스윙을 한다.

03 양팔로만 스윙을 하면서 올바른 릴리스의 느낌을 익힌다.

DRILL 03 > 토우 업 투 토우 업 드릴(Toe up to Toe up Drill)

양발을 모으고 스윙을 해도 릴리스가 잘 이루어지지 않을 때는 좀 더 강도 높은 연습을 해야 한다. 백스윙과 다운스윙에서 손의 위치가 양쪽 엉덩이 높이에 왔을 때 클럽헤드의 토우가 위를 수직으로 향하도록 양손을 돌려주면서 스윙연습을 하는 것이다. 이렇게 하면 릴리스에 대한 감각을 더 느낄 수 있고 임팩트 때 클럽페이스가 더 스퀘어 포지션에 머무르게 된다.

01 백스윙 시 양손의 위치가 엉덩이 높이 정도에 왔을 때 클럽헤드의 토우가 하늘을 향하도록 만든다.

02 다운스윙 때도 마찬가지로 클럽헤드의 토우가 하늘을 향하도록 만들면서 느낌을 익힌다.

THE BASIC SWING

7 피니시

POINT 01
피니시 때 오른쪽 어깨가 타깃을 향하도록 한다.

POINT 02
왼쪽 무릎을 유연하게 펴주며 오른쪽 무릎이 왼쪽 무릎에 가깝게 위치한다.

POINT 03
클럽샤프트가 왼쪽 어깨에서 목 뒤로 대각선으로 놓이는 것이 좋다.

POINT 04
왼팔은 몸과 90도 정도 떨어지는 것이 좋다.

POINT 05
체중은 왼발 뒤꿈치에 집중되며 왼발 엄지발가락이 약간 들리는 것은 역동적인 스윙의 결과이다.

균형 잡힌 피니시 자세

피니시만 봐도 그 스윙이 제대로 됐는지 알 수 있다. 즉, 올바른 피니시 동작은 모든 스윙 과정이 잘 이루어져야 나올 수 있는 것이다.

POINT 06
왼쪽 팔꿈치가 위로 들리지 않도록 주의한다.

POINT 08
상체를 하체 위에 일직선으로 세워주며 어깨가 약간 오른쪽으로 기울게 한다.

POINT 07
오른쪽 발바닥은 일자로 세워 발가락 부분이 땅에 접촉되게 하며, 90도나 그보다 작은 각도를 유지해 준다.

THE BASIC SWING

좋은 피니시를 이루는 요령

좋은 피니시가 될 수 있도록 스윙을 하기 위해서는 우선 백스윙 턴부터 충분히 되어야 한다. 탄력 있게 꼬인 몸이 다시 힘차게 풀리면서 피니시까지 스윙이 가속되어야만 의도한 피니시가 나오게 된다. 만일 스윙 도중 신체 어느 한 부분에 힘이 과도하게 들어가거나 체중이 한쪽으로 쏠려서 클럽의 진행을 방해한다면 스윙은 완전한 피

임팩트 후 릴리스를 거쳐 피니시까지 큰 원을 그리듯이 스윙해야 올바른 피니시 자세가 나온다.

니시에 도달하기 전에 멈추게 된다.

예를 들어 임팩트 때 손에 많은 힘이 들어가서 클럽을 너무 세게 쥔 나머지 클럽의 진행을 더디게 하거나 고정된 머리로 인해서 임팩트 후 몸의 회전이 부족해지면 완벽한 피니시를 기대할 수 없다. 볼을 때리려는 충동보다는 피니시까지 한 동작으로 큰 원을 그려준다는 이미지로 스윙하면 멋진 피니시를 만들 수 있다.

볼을 치는 것에만 집중한 나머지 임팩트 후 스윙의 크기가 작아지면 피니시 자세가 엉성해지고 볼도 의도한 대로 가지 않는다.

PART 3

DRIVER SHOT
드라이버 샷

드라이버를 칠 때는 타이거 우즈와 같은 폭발적인 샷은 아닐지라도 자신의 신체조건 아래서 가장 역동성을 살리는 스윙이 필요하다. 필드에서의 불안감을 떨쳐버리고 자신 있게 클럽을 휘둘러 최대의 거리와 정확성을 확보하는 데 최선을 다해야 한다.

DRIVER SHOT

1 장타를 치기 위한 드라이버 샷의 기본

아이언 어드레스(정면)

POINT 01
오른쪽 어깨를 살짝 더 내리고 볼을 후방에서 본다.

POINT 02
몸에 힘을 빼야 스윙이 크고 부드러워진다.

POINT 03
스탠스를 어깨너비보다 넓게 선다.

장타를 위한 어드레스 자세

긴 클럽의 장점을 살려서 스윙하기 위해서는 숙이는 자세보다 일어서는 어드레스가 좋다. 몸에 힘을 빼고 서게 되면 숙이는 것보다 백스윙이 훨씬 더 크고 원활하게 이루어지는 것을 알 수 있다. 이때 서는 요령은 무릎을 더 펴고 엉덩이를 위로 들어 허리에 약간의 긴장이 느껴지게 하며 머리는 등의 연장선상에 있도록 들어서 전체적인 어드레스 높이를 높여준다.

POINT 04
상체를 약간 세워서 머리와 등이 일직선이 되도록 한다.

POINT 05
엉덩이는 위로 약간 들어주며 허리에 긴장감을 느낀다.

POINT 06
무릎은 살짝 편다.

아이언 어드레스(측면)

DRIVER SHOT

스윙 아크를 크게 만드는 요령

백스윙을 통하여 파워를 최대로 축적할 수 있는 방법은 스윙 아크를 크게 만들어주는 것이다. 그렇게 하기 위해서는 백스윙 때 클럽을 팔로 들어 올리거나 손목코킹을 너무 일찍 하지 말고, 클럽헤드를 지면에 가까이 낮고 길게 빼서 어깨 회전이 넓게 이루어지도록 해야 한다.

YES

POINT 01
클럽헤드를 낮고 길게 빼면서 스윙을 시작한다.

YES

POINT 02
따라서 어깨 회전이 넓게 이루어지면서 스윙 아크가 커진다.

이때 백스윙은 어드레스 때 취했던 모습을 그대로 유지한 채 어깨를 돌리면서 시작하고 어깨, 팔, 손, 클럽이 한 덩어리가 되어 클럽헤드가 오른쪽으로 50㎝ 정도 갈 때까지는 손을 비틀거나 코킹을 시작하지 않아야 한다.

손목코킹을 일찍하면 클럽헤드를 낮고 길게 뺄 수 없다.

클럽을 팔로만 들어 올리면 클럽헤드가 일찍 들려 스윙 아크가 작아진다.

장타를 치기 위한 드라이버 샷의 기본

DRIVER SHOT

스윙 스피드를 높이는 요령

볼을 멀리 치기 위한 첫 번째 조건은 클럽헤드의 스피드를 높이는 일이다. 이제 스피드를 높이기 위한 가장 직접적인 방법을 소개하겠다.

01 다운스윙 때 엉덩이 회전을 적극적으로 하여 헤드 스피드를 높인다

헤드 스피드를 높이기 위해서는 백스윙을 통하여 축적한 모든 파워를 폭발적으로 사용해야 하는데 그 요령은 다운스윙 때 왼발을 지지대 삼아서 엉덩이의 회전력을 높

POINT 01
어드레스 때는 왼쪽 엉덩이의 위치가 오른쪽보다 약간 높다.

여주는 것이다. 이때 상체와 팔은 엉덩이 회전력의 탄력을 받아 클럽을 더 가속시킬 수 있게 된다. 이러한 엉덩이 회전의 역동성을 살리기 위해서는 임팩트 때 왼발로 강하게 버티면서 엉덩이를 돌려주어 왼쪽 엉덩이가 오른쪽 엉덩이에 비해 좀 더 위로 들리도록 만들어 줘야 한다. 골프매거진이 선정한 세계 100대 골프지도자인 로버트 베이커(Robert Baker)는 이 동작을 O-팩터(O-Factor)로 명명하여 그 중요성을 밝힌 바 있다.

POINT 02
백스윙 때는 양쪽 엉덩이의 높이가 같다.

POINT 03
다운스윙 때는 다시 왼쪽 엉덩이의 높이가 더 높아진다.

DRIVER SHOT

02 지연타격으로 헤드 스피드를 높인다

다운스윙 때는 손이 오른쪽 엉덩이 높이에 올 때까지 손목코킹을 풀지 않고 예각으로 유지시키다가 그 이후에 풀어서 헤드 스피드를 극대화하는 지연타격(레이트 히트)를 구사해야 한다. 실제로 장타를 치는 골퍼들은 의식적이든 무의식적이든 모두 이 동작을 실행하고 있다. 반대로 많은 여성들이나 비거리가 짧은 남성골퍼들은 손목이 미리 풀려서 지연타격이 이루어지지 않는다. 이 원리는 우리나라 전통 타작기구인 도리깨의 원리이며 채찍을 사용하는 원리와도 같다. 이 동작을 스스로 습득하기에는 매우 어렵지만 다음과 같은 연습방법을 통해 익힐 수 있다.

DRILL > 펌핑 드릴(Pumping Drill)

다운스윙 때 손목코킹을 유지하여 오른쪽 엉덩이 높이까지 2~3번 펌프질을 한 다음 볼을 친다.

01 손목코킹을 유지한 채 오른쪽 엉덩이 높이에서 백스윙을 시작한다.

02 백스윙을 한다.

03 손목코킹을 유지한 채 오른쪽 엉덩이까지만 다운스윙을 하며 느낌을 익힌다.

04 다시 백스윙을 한다.

05 손목코킹을 유지하는 느낌을 살리면서 다운스윙을 한다.

강력한 임팩트를 만드는 방법

드라이버로 티 샷을 할 때 정확하고 강한 임팩트는 장타의 필수조건이다. 스윙을 할 때 신체 부위의 모든 움직임은 강한 임팩트를 만들어 내기 위한 몸부림일지도 모른다. 이제 다음과 같은 동작으로 강한 임팩트를 만들어 장타 대열에 합류해보자.

01 어깨 회전을 충분히 한다

어깨 회전을 충분히 하지 않으면 강한 임팩트를 만들 수 없다고 해도 과언이 아니다. 양발을 지면에 압착시키듯이 하여 어드레스를 한 후 상체와 팔의 힘을 빼고 어깨를 돌리면 더 많이 돌아가게 된다. 등이 타깃을 향할 정도까지 해야 한다.

POINT 01 상체와 팔의 힘을 뺀다.

POINT 02 등이 타깃을 향할 정도로 어깨를 회전시킨다.

DRIVER SHOT

02 샷에 체중을 싣는다

역동적인 다운스윙에 체중을 실어준다면 임팩트는 가장 강력해진다. 체중이동은 짧은 구간에서 간결하게 일어나는 것이 좋다. 다운스윙 때 엉덩이를 타깃 쪽으로 밀면서 동시에 돌려야 하며 엉덩이가 발보다 밀려나가지 않도록 왼발로 지면을 강하게 밟고 버텨야 한다.

POINT 01 백스윙 때는 오른발에 체중을 실어야 한다.

POINT 02 다운스윙 때는 엉덩이가 밀리지 않도록 왼발로 강하게 지탱해야 한다.

POINT 03 피니시 때는 왼발에 체중이 실려야 한다.

백스윙 때 왼발에 체중이 많이 남아 있다.

반대로 피니시 때 체중이 오른발에 많이 남아 있다.

03 다운스윙의 순서를 지킨다

아무리 힘이 좋은 골퍼라도 다운스윙 때 동작의 순서를 지키지 않으면 효과적인 임팩트를 만들어낼 수 없다. 찰나의 순간이기 때문에 순서를 의도적으로 만들어내기는 어려우므로 엉덩이를 타깃 방향으로 밀면서 돌린 후 어깨와 팔이 그 뒤를 따라오도록 하는 것에 집중한다. 미국 PGA 골프지도서에서는 이러한 순서를 잘 지킨 스윙을 가장 파워를 크게 낼 수 있는 효율적인 스윙(Power-Efficient Swing)이라고 말하고 있다.

POINT 01
다운스윙은 엉덩이가 리드하고 상체가 따라가도록 진행되어야 한다.

상체가 먼저 돌아가면 엉덩이로 리드할 수 없다.

T.I.P. POINT

장타를 칠 때의 몸의 느낌

01 백스윙 때 어깨가 더 꼬이는 느낌이 든다.
02 다운스윙 때 발바닥이 지면을 강하게 딛는 느낌과 체중이 타깃 쪽으로 쏠리는 느낌이 든다.
03 임팩트 때 몸이 왼쪽 벽에 부딪히는 느낌이 든다.
04 팔로스루 때 양팔의 관절이 늘어나며 클럽이 던져지는 느낌이 든다.
05 피니시 때 가슴이 펴지고 키가 더 커진 느낌이 든다.

개인에 따라 다르겠지만 이런 것들을 느낀다면 분명히 장타를 치는 데 도움이 된다.

티 샷 비거리가 가장 긴 구질

샷의 구질은 보통 9가지로 구분하는데 그중 가장 멀리 보낼 수 있는 구질이 바로 드로우이다. 드로우는 엄밀히 말하면 훅(Hook)의 일종인데 볼을 쳤을 때 똑바로 출발하거나 약간 오른쪽으로 출발해서 끝부분에서 왼쪽으로 살짝 휘어지는 베이비 훅(Baby Hook)이라고 표현하면 더 옳을 것이다.

드로우

POINT 02
약간 스트롱 그립을 잡는다.

타깃라인

에임라인

POINT 03
볼의 위치는 볼 1개 정도 오른쪽에 둔다.

POINT 01
오른발을 약간 뒤로 빼서 클로즈드 스탠스를 취한다.

이 구질은 공기의 저항을 뚫고 나가는 힘이 강하며 땅에 떨어진 후에도 많이 구르기 때문에 바람 부는 날에도 유용하고 샷의 전체 거리도 더 길어지게 된다. 드로우를 치기 위해서는 다음과 같이 스탠스와 궤도 그리고 클럽페이스의 조정이 필요하다.

장타를 치기 위한 드라이버 샷의 기본

DRIVER SHOT

가장 장타를 칠 수 있는 티 높이

드라이버 샷을 할 때 티의 높이는 어느 정도가 좋은가라는 질문을 많이 받게 된다. 결론적으로 말하면 필드에서도 평소에 자신이 연습장에서 연습할 때의 높이 그대로 놓고 치는 것이 가장 편안하다. 하지만 평소 자신이 연습하던 방법보다 분명히 더 적정한 높이가 있거나 더 멀리 칠 수 있는 높이가 있다면 어떻게 할 것인가?

낮은 티
클럽헤드의 윗부분과 볼의 윗부분이 같은 높이

중간 티
클럽헤드의 윗부분이 볼의 중간 높이

높은 티
클럽헤드의 윗부분이 볼의 아랫부분과 같은 높이

티의 높이를 세 가지로 구분할 경우 상급자(핸디캡 0~9), 중급자(10~19), 비기너(20 이상)를 막론하고 높은 티가 가장 멀리 나가며 스핀도 덜 걸려서 방향성도 더 좋다. 주말골퍼의 경우 티가 너무 높아서 드라이버를 칠 때 심리적인 부담을 느낀다면 높은 티와 중간 티의 사이를 정해서 연습하는 것이 낮은 티를 사용하는 것보다는 훨씬 유리하다고 볼 수 있다.

김해천의 라이브 어드바이스 — 장타를 쳐야 할 홀을 구분하라

장타를 칠 때는 먼저 플레이하는 홀을 완벽하게 이해해야 한다. 즉, 장타를 쳐서 반드시 이득이 되는 홀에서만 장타를 쳐야 한다는 뜻이다. 장타를 쳤을 때 단타를 친 것과 그저 거리 차이만 30~40야드만 나게 된다면 별 의미가 없다. 오히려 다음 샷에서 애매한 거리가 남을 수도 있다. 세컨 샷에서 120야드를 피칭웨지로 풀스윙을 해서 치는 것이 80야드를 맞추기 위해 컨트롤 샷을 하는 것보다 더 쉬울 수 있다는 말이다.

드라이버 샷으로 장타를 치기 위해서는 먼저 페어웨이가 비교적 넓고 장애물 때문에 심리적으로 위축되지 않는 긴 파4나 파5홀이 적당하다. 특히 투온을 할 수 있는 파5홀에서는 과감하게 장타를 시도해야 한다.

DRIVER SHOT

② 더 이상 OB는 없다

페어웨이 안착을 위해 피해야 할 4가지

티 샷의 정확도를 높이기 위해서는 클럽페이스와 스윙궤도를 개선시켜야함은 물론이다. 그렇기 때문에 골퍼들은 평생 동안 그립, 스윙궤도, 몸동작을 조정해가면서 볼을 똑바로 치려고 노력한다. 물론 이런 장기적이고 원론적인 접근도 중요하지만 주말골퍼들에게는 당장 이번 주 라운딩이 더 급할 것이다. 그럼 빠른 효과를 볼 수 있는 팁 몇 가지를 소개한다.

01 찍어 치지 않는다

'찍어 친다'는 말은 아이언과 같이 다운스윙 궤도를 가파르게 내려서 볼을 다운 블로우로 친다는 의미이다. 그런데 티 위에 놓인 볼을 찍어 치게 되면 볼이 하늘 높이 뜨는 일명 스카이 볼이 되어 거리에 치명적인 손해를 입는다. 다운스윙 궤도가 가파르고 다운스윙 때 상체가 타깃 쪽으로 미리 나아가기 때문이다. 따라서 백스윙 때 클럽을 낮고 길게 빼서 좀 더 완만하게 하고 임팩트 때는 머리가 볼 뒤에 확실히 머무르도록 해야 한다. 보다 자세한 내용은 뒤에 소개하는 '티 샷 미스 샷을 잡아라(p.114)'를 참고하기 바란다.

YES

POINT 01
백스윙을 낮고 길게 빼준다.

YES

POINT 02
임팩트 순간 머리의 위치가 볼 뒤에 있어야 한다.

NO

백스윙이 가파르면 다운스윙 궤도도 가파르게 된다.

NO

다운스윙이 가파르면 임팩트 때 상체가 타깃 방향으로 밀려 나간다.

더 이상 OB는 없다 93

DRIVER SHOT

02 깎아 치지 않는다

'깎아 친다'는 의미는 아웃 투 인 궤도로 볼을 친다는 말이다. 이렇게 되면 볼이 클럽페이스에 직각으로 잘 맞아도 오른쪽으로 회전하는 스핀이 걸리게 되고 결과적으로 슬라이스가 된다. 당연히 티 샷 거리도 짧아지고 OB 위험도 높아진다. 이러한 위험을 방지하기 위해 반드시 인 투 아웃 궤도를 익혀야만 된다.

DRILL 01 > 헤드커버를 이용한 인 투 아웃 궤도 연습

가장 효과적인 연습방법은 볼 오른쪽 30cm 지점에 헤드커버를 놓고 다운스윙 때 헤드커버를 건드리지 않고 인사이드로 클럽이 내려오게 만드는 것이다. 근육이 이 동작을 기억할 수 있을 때까지 집중력을 살려 연습해보자.

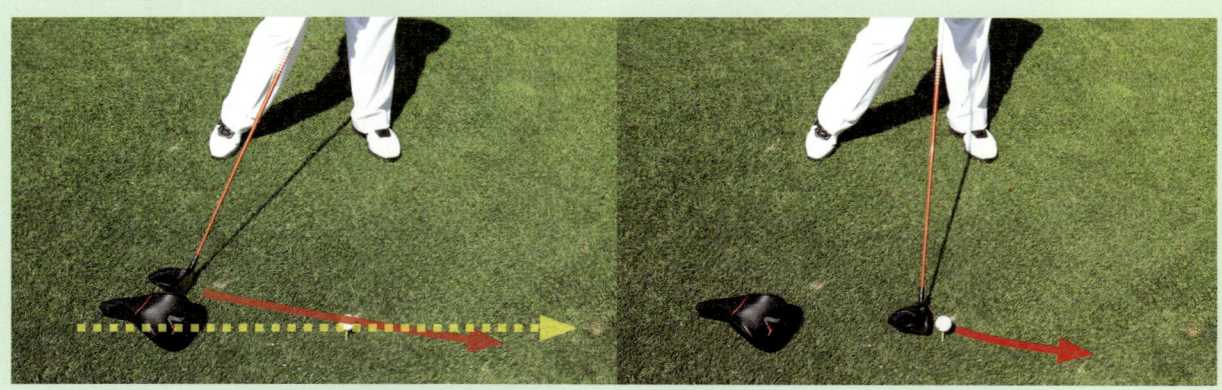

01 헤드커버를 건드리지 않도록 인사이드로 다운스윙을 한다.

02 볼을 약간 바깥쪽으로 밀어치듯이 친다.

03 엎어 치지 않는다

'엎어 친다'는 말은 다운스윙 때 하체 리드가 안 되고 오른쪽 어깨가 먼저 볼 쪽으로 쏠리면서 상체 위주로 회전하며 엉덩이가 뒤로 빠지는 스윙을 말한다. 결과적으로 볼이 왼쪽으로 진행하게 되고 클럽페이스가 열리면 심한 슬라이스까지 유발된다. 이것을 방지하기 위해서는 먼저 하체, 즉 엉덩이로 리드하는 스윙을 해야 한다. 그 방법으로는 다운스윙 초기에 왼쪽 어깨를 살짝 들어주어서 오른쪽 어깨가 앞으로 나오지 못하고 뒤로 떨어지게 유도하는 것이다.

POINT 01
다운스윙을 시작할 때 왼쪽 어깨를 살짝 들어주면 오른쪽 어깨가 앞으로 나오는 동작을 방지할 수 있다.

볼을 치려는 생각이 강하면 하체의 움직임보다 오른쪽 어깨가 먼저 앞으로 나와 볼을 엎어 치게 된다.

DRILL 02 > 샤프트와 몸 사이로 볼 던지기

어드레스 자세에서 클럽을 땅에 수직으로 세워 왼손으로 잡고 오른손으로는 볼을 몸과 클럽 사이로 던지는 연습이다. 이 연습은 오른쪽 어깨를 올바르게 사용하는 방법을 스스로 깨우치게 할 것이다.

01 클럽을 수직으로 세워서 왼손으로 잡고 오른손에는 볼을 쥔다.

02 오른쪽 어깨를 내밀지 않으면서 볼을 클럽과 몸 사이로 던진다.

DRIVER SHOT

04 너무 올려치지 않는다

'드라이버 샷은 올려쳐야 한다' 라는 개념 때문에 지나치게 어퍼 블로우(Upper Blow)에 충실하면 체중이동이 일어나지 않고 체중이 오른발에 실리며 손목도 일찍 풀리게 되어 뒤땅이나 탄도가 비정상적으로 높은 샷이 발생한다. 이것을 방지하기 위해서는 클럽헤드가 임팩트 구간에서 수평으로 이동하도록 해야 한다. 이때 오른쪽 어깨가 아래로 떨어지지 않도록 높이를 유지해주는 것이 중요하다. 이렇게 하기 위해서는 다운스윙 때 손목코킹은 유지하되 오른팔을 펴주는 동작을 익혀야 한다. 효과적인 연습방법으로는 앞에서 설명한 '펌핑 드릴(p.84)' 을 참고하기 바란다.

POINT 01
오른쪽 어깨가 아래로 지나치게 떨어지지 않도록 유지하며 스윙해야 한다.

오른쪽 어깨가 떨어진 상태에서의 어퍼 블로우는 뒤땅이나 스카이 볼이 발생시킨다.

첫 홀의 티 샷을 잘 치기 위한 요령

구력이 어느 정도 되는 골퍼들도 첫 홀의 티 샷은 만족할 만큼 치기가 어렵다. 대개 첫 티 샷을 할 때는 약간 흥분되기도 하고 긴장감으로 인해 몸이 뻣뻣해져서 회전이 잘 안 된다. 특히 주위에 갤러리라도 있으면 실수에 대한 두려움 때문에 집중력까지 떨어져 자신이 평소에 익힌 스윙을 발휘하지 못하기가 쉽다.

그렇다면 첫 홀에서 티 샷을 성공적으로 하는 방법은 무엇일까? 바로 거리에 대한 집착을 버린 상태에서 클럽을 짧게 잡고 풀스윙을 하는 것이다. 만일 첫 홀에서 지나치게 조심해서 스윙을 의도적으로 살살하거나 제한하게 되면 거리손실뿐만 아니라 방향까지도 빗나갈 수 있다. 이럴 땐 오히려 더 적극적인 풀스윙을 하는 것이 좋은데 다만 컨트롤과 실수 방지를 위해 클럽을 조금 짧게 잡아주면 좋다.

드라이버 티 샷만 고집하지 마라

주말골퍼들은 첫 세 홀에서는 여러 가지 이유로 인해 플레이가 안정되지 않는 경향이 있다. 특히 티 샷에서 실수를 많이 해서 초반에 타수 조절에 실패하곤 하는데 이 점을 극복하기 위해서는 제일 자신 있는 클럽으로 티 샷을 할 것을 권한다. 드라이버만 고집하지 말고 더 쉽게 칠 수 있는 클럽(예, 우드나 하이브리드 클럽)을 사용하고, 거리가 짧거나 페어웨이가 좁은 홀이라면 아이언을 치는 것도 스코어 관리에 많은 도움이 된다. 티 샷을 다양한 클럽으로 시도할 때 그 차이를 비교해보자.

	드라이버	페어웨이 우드	하이브리드	롱 아이언	미들/숏 아이언
볼 위치	왼발 뒤꿈치 선	하이브리드보다 볼 1/2개 앞	스탠스 중간보다 볼 1개 앞	스탠스 중간보다 볼 1개 앞	스탠스 중간 또는 중간보다 뒤
티 높이	클럽헤드의 윗부분이 볼의 아랫부분과 일치되게 한다.	클럽헤드의 윗부분이 볼의 중간 부분과 일치되게 한다.	1/2인치(1.3cm)	1/4인치(0.6cm)	티의 헤드만 나올 정도
스윙 개념	풀 턴, 큰 아크, 어퍼 블로우	큰 원, 임팩트 때 수평타격	다운 블로우 성 수평타격	완만한 접근각도, 빠른 헤드 스피드	다운 블로우

티 샷 착지지점에는 설계자의 속임수가 있다

　티잉 그라운드에 올라서면 가장 먼저 홀의 모양, 길이, 볼의 안착지점 주위의 해저드 배치 상태, 페어웨이의 폭 등을 확인해야 한다. 코스 설계자들은 홀의 길이가 길수록 거리에 대한 부담이 이미 핸디캡으로 작용하기 때문에 볼의 착지 지점 주위에 장애물을 거의 설치하지 않는다. 하지만 길이가 짧고 쉽게 공략할 수 있는 홀에서는 반드시 장애물을 설계하는 것이 보통이다.

　따라서 지형지물을 잘 살피고 신중하게 플레이하면 파는 어렵지 않게 기록할 수 있다. 하지만 아무 공략 계획 없이 플레이하면 더블보기 이상의 타수를 기록하게 될 수도 있다. 안정된 티 샷을 위해 티 샷 착지지점의 대표적인 장애물을 극복하는 방법을 소개한다.

POINT 01
벙커, 워터해저드
티잉 그라운드에서 벙커나 워터해저드 끝을 넘기는 거리를 계산한 후 그 거리가 자신의 평균 드라이버 샷 거리의 90%보다 짧으면 넘기는 공략이 필요하다. 그러나 그렇지 않으면 짧은 클럽으로 그 장애물 앞까지만 보내는 전략이 현명하다. 예를 들어 자신의 평균 비거리는 240야드라고 가정했을 때 장애물 끝까지의 거리가 216야드(240야드의 90%) 이하일 때만 넘기는 전략이 필요하다.

POINT 02
좁은 페어웨이(러프)
드라이버는 미스 샷 오차가 크기 때문에 클럽을 짧게 잡고 치거나 페어웨이 우드나 아이언을 사용하여 페어웨이 적중률을 높이는 데 집중하는 것이 좋다. 긴 러프에서 세컨 샷을 하는 것 보다는 좀 더 거리가 있더라도 바닥 상태가 좋은 페어웨이에서의 샷이 훨씬 더 좋은 결과를 가져온다.

POINT 03
언듈레이션(경사지)
경사지는 내리막이 있으면 반드시 오르막이 있기 마련이다. 티잉 그라운드에서 경사지까지의 거리를 파악한 후 볼이 내리막 경사에 걸리지 않도록 티 샷 거리조절을 하는 것이 좋다. 오르막과 평지는 비교적 쉽게 처리할 수 있지만 내리막에서는 미스 샷이 가장 빈번하게 발생하기 때문이다.

도그렉 홀의 공략 지점

골퍼들이 선호하는 홀은 넓은 페어웨이가 똑바로 뻗어있는 홀이다. 티 샷을 마음껏 쳐서 볼이 시원하게 날아가는 모습을 볼 수 있기 때문이다. 하지만 대부분의 골프장은 오른쪽이나 왼쪽으로 구부러져 있는 홀이 꽤 많다. 이렇게 구부러져 있는 홀을 도그렉(Dog Leg)이라고 부르는데, 개의 뒷다리 모양을 닮아서 붙여진 이름이다.

장타자라면 도그렉 홀을 공략할 때 수풀을 넘겨 칠 수도 있고 샷이 짧은 사람이라면 홀이 휘어지기 전 지점으로 티 샷을 하면 될 것이다. 그러나 실패할 경우에는 볼이 수풀에 빠지거나 그린이 가려지게 되어 타수를 더 잃어버릴 위험성이 있다. 따라서 도그렉으로 형성된 홀에서는 홀이 휘어지는 부분의 바깥쪽 페어웨이에 볼을 안착시키는 것이 가장 안전하다. 그곳에서는 그린을 공략하는 각도도 좋아지고 볼이 날아가는 방향에 수풀이나 해저드 등 방해 요소들이 모두 제거된 상태이기 때문에 버디까지도 노려볼 수 있는 기회가 생기게 된다.

도그렉의 바깥쪽 페어웨이로 볼을 치기 위해서는 일단 페어웨이의 반을 포기하고 티 샷의 에임과 얼라인먼트를 페어웨이 바깥쪽으로 향해야 한다.

T.I.P. POINT

샷 메이킹(Shot Making)에 능한 상급자라면 도그렉의 형태에 따라 샷의 구질을 구사하는 것도 큰 도움이 된다. 만일 오른쪽으로 휘어지는 도그렉이라면 페이드 샷을 시도하고 왼쪽으로 휘어지는 도그렉에서는 드로우 샷으로 공략하는 것이 효과적이다. 성공 시에는 심리적인 상승으로 말미암아 더 좋은 스코어를 기대할 수 있다.

DRIVER SHOT

티잉 그라운드가 페어웨이 방향과 다른 쪽을 향해 있을 때

 티잉 그라운드에 올라서서 셋업을 하려고 할 때 가끔 티잉 그라운드 자체의 방향이 볼을 보내야 하는 페어웨이와는 완전히 다른 쪽을 향하고 있는 경우가 있다. 이런 경우 경험이 많은 상급자라면 문제가 없겠지만 초급자나 방향에 대한 센스가 부족한 골퍼라면 방향 조정 없이 티잉 그라운드가 조성된 대로 볼을 치게 되는 경우가 대부분이다. 그 결과 자신이 아무 실수 없이 똑바로 친 볼조차도 엉뚱한 곳에 떨어지는 경우가 생긴다. 따라서 다음과 같은 방법으로 이러한 문제를 해결할 수 있다.

T.I.P. POINT
자신이 에임을 한 곳으로 셋업을 똑바로 했는지 확신이 가지 않을 때는 볼에 새겨진 화살표나 글씨를 페어웨이 쪽으로 맞춰 놓고 몸의 정렬을 그 표시와 평행으로 조정하면 실수를 줄일 수 있다.

POINT 02
목표 방향선상 전방 1~2m 지점에 있는 표식(디봇, 낙엽) 등을 정하고 그 표식을 향해서 볼을 친다.

POINT 01
셋업을 할 때 양손으로 클럽을 어깨너비로 잡고 어깨 높이로 올려 샤프트가 목표 방향과 평행이 되도록 몸을 정렬해서 방향이 틀어지지 않도록 한다.

페어웨이 방향

티잉 그라운드 방향

김해천의 라이브 어드바이스

드라이버 샷은 반드시 더 전략적이어야 한다

대부분의 골퍼들이 드라이버 샷을 할 때 볼이 멀리 잘 날아가 페어웨이 중앙에 안착되기를 바란다. 그리고 그 정도 쳐 놓으면 기분도 좋고 만족할 만한 결과라고 생각할 것이다. 하지만 투어 프로들이나 아마추어 중에서도 강호의 고수들은 그 정도로는 만족하지 않는다. 티 샷도 중요하지만 반드시 그다음 샷의 준비를 고려한다는 것이다.

드라이버는 쇼(Show)라고들 하는데 그건 상급자의 플레이 전략과는 다를 때가 있다. 그렇기 때문에 화려한 스윙과 폭발적인 임팩트로 가장 멀리 나아가는 샷만을 고집하지는 않는다. 반드시 세컨 샷을 좀 더 유리한 상황에서 할 수 있도록 염두에 두고 드라이버 샷을 날리는 것이 더 절실한 것이다.

비록 드라이버 샷을 약간 짧게 치더라도 세컨 샷을 하는 데는 반드시 방해를 받는 상황을 만들지 말아야 한다. 파4홀에서는 세컨 샷으로 그린을 직접 노리는 찬스를 만들어야 한다. 그런데 전략의 부재로 인한 티 샷의 결과 때문에 레이업을 해야 하는 상황이 되거나 장애물이 앞을 가로막고 있다면 아무리 티 샷이 장타인들 무슨 소용이 있겠는가? 오히려 드라이버만 길게 치고 스코어는 더 많이 기록하는 결과를 가져온다면 골프를 비효율적으로 하고 있는 셈이다. 더욱이 이럴 때 동반자가 "연필 길다고 시험 잘 보는 건 아니지"라는 멘트라도 하면 괜히 자존심까지도 상하게 될 것이다. 특히 파5홀에서는 좀 더 치밀하고 확실한 전략을 구사하면 버디 확률이 높아지며, 조금 미스를 하더라도 파로 마무리 하는 데는 지장이 없을 것이다.

③ 티 샷 미스 샷을 잡아라

슬라이스가 심한 경우

    슬라이스는 어느 한 가지 원인에 의해서 일어날 수도 있지만 클럽페이스와 스윙궤도의 복합적인 문제로 더 많이 발생한다. 물론 클럽페이스가 열리는 것이 가장 큰 원인이 될 수 있으나 슬라이스를 교정할 수 있는 키포인트는 클럽페이스보다는 다운스윙 궤도를 먼저 개선시켜야만 한다.

    만일 아웃 투 인 궤도의 잔재가 남아있는 경우에는 슬라이스를 완벽하게 교정할 수 없다고 단언할 수 있다. 즉, 볼이 처음에 왼쪽으로 출발하게 되면 슬라이스를 고치기 어렵다. 일단 볼이 오른쪽이나 똑바로 출발할 수 있도록 다운스윙 궤도를 인 투 아웃이나 인 투 인으로 교정한 뒤 클럽페이스나 기타 문제점을 보완하면 보다 쉽고 확실하게 개선시킬 수 있다.

DRIVER SHOT

CASE 01

| 교정 | 왼손등이 더 많이 보이도록 스트롱 그립을 취한다. |

CASE 02

| 교정 | 오른발을 뒤로 약간 빼는 클로즈드 스탠스를 취한다. |

CASE 03

| 교정 | 백스윙을 낮고 길게 시작하면서 조금 더 인사이드로 뺀다. |

CASE 04

| 교정 | 백스윙 궤도가 너무 가파르지 않도록 하고 백스윙톱이 너무 높지 않게 한다 |

DRIVER SHOT

CASE 05

교정 다운스윙은 인 투 인보다 인 투 아웃 궤도가 더 효과적이다.

CASE 06

교정 양팔을 돌리는 릴리스를 적극적으로 해준다.

CASE 07

| 원인 | 피니시를 낮게 가져간다. |

DRIVER SHOT

훅이 심한 경우

훅이 발생하는 가장 단순한 원인은 임팩트 순간 클럽페이스가 닫히기 때문이다. 다만 다운스윙 궤도에 따라 커브의 정도가 다르게 나타난다.

클럽페이스가 닫혀있는 상태에서 아웃 투 인 궤도가 되면 대개 탄도가 낮고 처음부터 왼쪽으로 진행하다가 더 왼쪽으로 휘어지게 된다. 반면 인 투 인 궤도가 되면 볼이 똑바로 진행하다가 중간 이후부터 왼쪽으로 휘어지기 때문에 거의 페어웨이 왼쪽으로 벗어나는 구질이 된다. 마지막으로 인 투 아웃 궤도에서는 볼이 처음에는 오른쪽으로 출발하지만 왼쪽으로 회전하는 스핀이 가장 많이 발생하여 휘어지는 폭이 가장 큰 악성 훅(Duck Hook)이 나타나게 된다.

세 가지 궤도에 따른 훅 구질

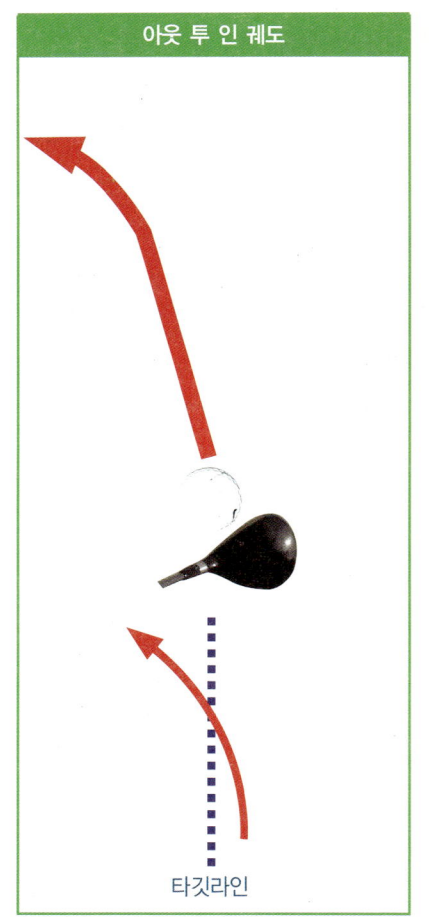
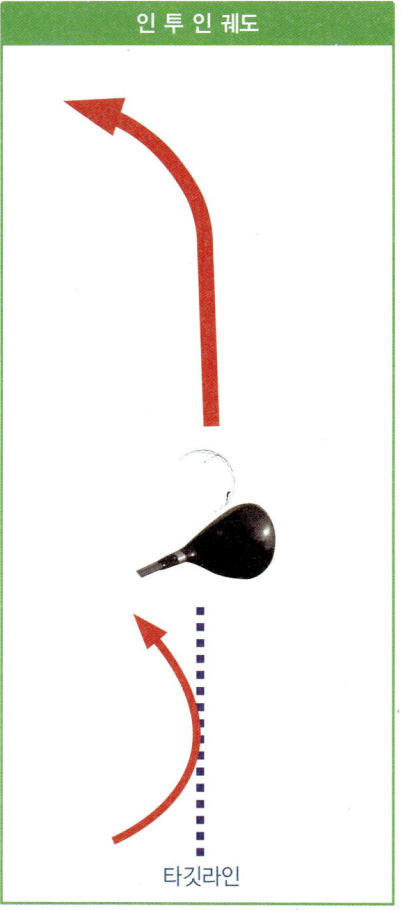
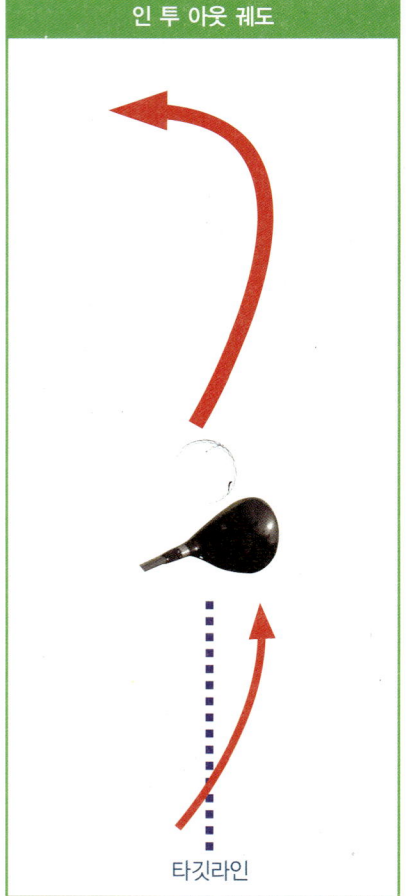

CASE 01

| 교정 | 왼손등이 덜 보이도록 뉴트럴 그립으로 바꿔준다. |

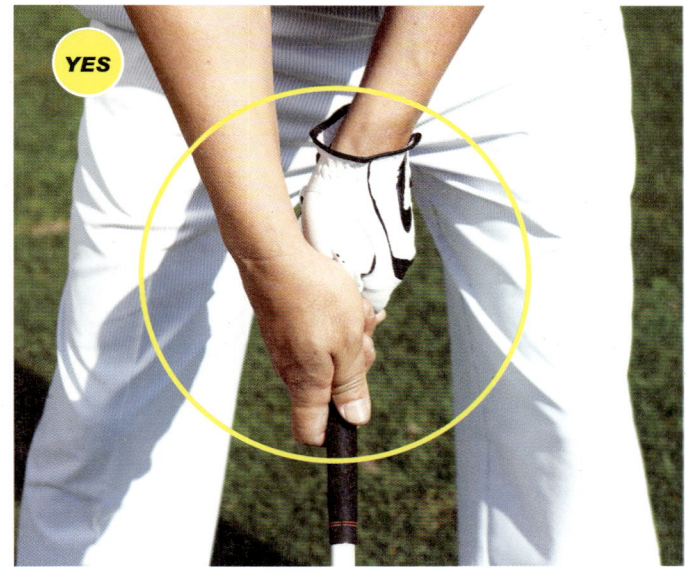

CASE 02

| 교정 | 백스윙 때 중간 지점에서 클럽페이스가 정면을 보게 한다. |

DRIVER SHOT

CASE 03

교정 백스윙톱에서 클럽페이스가 하늘을 향하지 않도록 손목을 조절한다(손목 모양에 따른 클럽페이스 방향).

CASE 04

교정 임팩트 순간 팔의 로테이션을 억제한다.

CASE 05

| 교정 | 릴리스 타이밍을 늦추고 몸을 먼저 회전한다. |

CASE 06

| 교정 | 높은 페이드 피니시를 한다. |

DRIVER SHOT

스카이 샷이 자주 나오는 경우

스카이 볼은 클럽헤드의 윗부분이 볼의 아랫부분에 맞으면서 빗맞은 타구처럼 볼에 에너지 전달이 거의 되지 않는 샷이다. 그 원인을 살펴보면 첫째는 너무 가파른 궤도로 인해 볼을 아이언처럼 찍어 치기 때문이고, 둘째는 임팩트 때 볼을 향해 너무 덤비는 동작, 즉 임팩트로 진입할 때 볼을 강하게 치려는 충동 때문에 볼 쪽으로 체중과 마음이 쏠려서 볼의 적정 타점보다 하단부를 가격하기 때문이다.

아이언은 클럽헤드가 스윙궤도의 최저점 이전에 볼을 먼저 친 다음 지면을 쳐야 한다.

드라이버는 클럽헤드가 스윙궤도의 최저점을 통과한 후 떠오르기 시작하는 시점에 임팩트가 되어야 한다.

CASE 01

| 교정 | 백스윙을 너무 가파르게 하지 말고 클럽을 낮고 길게 뺀다. |

CASE 02

| 교정 | 백스윙톱을 약간 플랫하게 한다. |

DRIVER SHOT

CASE 03

교정 다운스윙 때 상체가 왼쪽으로 밀리지 않도록 뒤에 두고 스윙한다.

CASE 04

교정 체중을 왼발 뒤꿈치에 놓고 볼을 향해 너무 덤비지 않는다.

CASE 05

교정 볼을 때리지 말고 클럽헤드가 볼을 향하여 지나가도록 스윙하고, 임팩트 후에도 큰 원을 그리듯이 팔로스루와 피니시를 한다.

티 샷 미스 샷을 잡아라

WOOD & HYBRID SHOT
페어웨이 우드 & 하이브리드 샷

페어웨이 우드는 그다지 치기 어려운 클럽이 아니다. 클럽 바닥이 아이언과는 달리 넓고 둥글기 때문에 뒤땅을 조금 치더라도 볼을 보낼 수 있고 드라이버보다 짧기 때문에 컨트롤이 더 용이하다. 스윙 방법을 숙지하고 조금만 연습하면 비교적 쉽게 멀리 칠 수 있는 보너스 같은 클럽이 바로 페어웨이 우드라는 사실을 명심하자. 특히 하이브리드 클럽은 롱 아이언과 우드의 장점을 섞어 만든 유용한 무기라고 할 수 있다.

PART 4

WOOD & HYBRID SHOT

1 페어웨이 우드 잘 다루는 요령

페어웨이 우드 셋업

POINT 01
손의 위치는 볼과 같은 선상에 있도록 한다.

POINT 03
얼음 위에서 미끄러지지 않기 위해 중심을 잡듯이 선다.

POINT 02
체중분배는 양발에 균일하게 둔다.

POINT 04
볼의 위치는 스탠스 중간보다 볼 1개 왼쪽에 둔다(5번 우드 기준).

PART 4 페어웨이 우드 & 하이브리드 샷

셋업과 스윙 요령

우드나 하이브리드 클럽만의 특별한 셋업과 스윙 요령은 존재하지 않는다. 다만 아이언과 드라이버의 중간 개념을 적용하면 된다.

페어웨이 우드 스윙 요령

백스윙은 낮고 길게 시작한다.

어깨 회전은 충분히 한다.

백스윙톱에서 다운스윙으로의 전환동작은 급하게 하지 말고 부드럽게 해준다.

다운스윙 때 엉덩이와 팔의 속도를 점점 가속시킨다.

릴리스를 길고 시원하게 해준다.

피니시는 클럽이 등에 닿을 정도로 큰 원을 그리며 스윙한다.

WOOD & HYBRID SHOT

페어웨이 우드는 쓸어 쳐야 한다는 편견을 버려라

일반적인 레슨 내용에서 조금 벗어난 말이겠지만 페어웨이 우드를 꼭 쓸어 쳐야 한다는 편견은 버려야 한다. 항상 쓸어 쳐야 한다는 고정관념 대신 티 샷을 할 때는 드라이버를 치는 개념으로, 잔디 위에서 칠 때는 아이언을 치는 개념으로 쳐야 더 효과적이다.

엄밀히 말하면 쓸어 친다는 개념은 클럽이 볼과 바닥을 동시에 치고 나아가는 것인데 이 방법은 아이언의 다운 블로우, 즉 임팩트 때 클럽으로 볼을 먼저 치고 그 다음에 클럽이 지면에 닿는 개념과는 다르다. 따라서 다음과 같이 상황을 구분해서 샷을 한다면 더 정확한 타격을 할 수 있다.

01 티 위에 있는 볼을 칠 때

드라이버에 가까운 개념으로 스윙한다. 볼을 때리려고 하지 말고 클럽헤드가 볼을 향해 큰 원을 그리면서 시원하게 지나가는 개념으로 치는 것이 좋다. 볼의 위치는 좀 더 왼쪽에 두고 임팩트 때는 머리를 볼 뒤에 두고 스윙하여 스윙의 최저점이 볼 뒤에서 일어나도록 약간 상향타격을 구사한다.

02 페어웨이 잔디 위에 있는 볼을 칠 때

잔디 위의 볼을 지나치게 쓸어 치면 클럽의 밑바닥이 잔디를 먼저 스치면서 볼을 치는 일종의 뒤땅 형태가 된다. 이런 경우에는 쓸어 치는 개념보다 아이언과 같이 다운 블로우로 내려치는 개념을 섞어야 한다. 볼을 스탠스 중간 가깝게 놓고 임팩트 때 머리가 볼 위에 있도록 해서 하향타격으로 볼이 맞도록 한다.

WOOD & HYBRID SHOT

안 좋은 라이에서의 페어웨이 우드 공략법

보통 골퍼들은 거리가 많이 남으면 습관적으로 페어웨이 우드를 잡는 경우가 많다. 거리에 대한 본능적 욕심으로 볼을 그린에 더 가까이 보내고 싶기 때문이다. 하지만 그린까지 아무리 멀리 남은 상황이라 할지라도 우드를 사용해야 할 때가 있고 아닐 때가 있다.

보통 클럽의 길이가 길면 컨트롤이 어려워지기 때문에 페어웨이 우드로 샷을 하기 전에는 반드시 볼의 라이를 고려해야 한다. 페어웨이의 좋은 라이에서는 얼마든지 우드 샷을 시도할 수 있지만 열악한 라이에서는 우드보다는 짧고 컨트롤이 쉬운 클럽을 사용해야 안전하다. 그럼에도 불구하고 우드를 꼭 고집하고 싶다면 다음을 유의해서 사용하라.

01 잔디가 긴 러프

볼이 안보일 정도의 깊은 러프라면 반드시 아이언으로 처리해야 한다. 하지만 볼이 반 정도 잠겼거나 잔디 밀도가 엉성한 곳이라서 우드를 사용하고 싶다면 다음을 고려해서 샷을 하자.

POINT 01
그립을 짧고 강하게 잡는다.

POINT 02
볼의 위치는 스탠스 중간보다 볼 1개 정도 오른쪽에 놓고, 클럽헤드를 지면에서 땐 채 어드레스를 한다.

POINT 03
잔디의 저항을 적게 받도록 백스윙과 다운스윙을 가파르게 한다.

POINT 04
임팩트 때 손가락과 손목에 힘을 줌으로써 잔디 저항으로 인한 부상을 방지한다.

페어웨이 우드 잘 다루는 요령

WOOD & HYBRID SHOT

02 내리막 라이

내리막 라이에서 우드를 치기란 만만치가 않다. 평평한 라이에서의 우드 샷도 띄우기 어려운데 내리막에 있는 경우라면 볼이 더 낮게 날아가기 때문이다. 더욱이 뒤땅과 탑핑이 쉽게 나올 수 있는 상황이므로 더욱 집중력을 발휘해야 한다.

POINT 01 푸시 구질을 대비하여 에임을 타깃의 왼쪽으로 한다.

POINT 02 어깨를 지면의 경사와 평행하게 맞춘다.

POINT 03 볼의 위치는 스탠스 중간보다 볼 1개 정도 오른쪽에 놓는다.

POINT 04 백스윙을 가파르게 해서 클럽이 뒤땅에 스치지 않도록 한다.

POINT 05 다운스윙 때 왼발 축을 중심으로 궤도를 가파르게 하여 볼을 친다.

POINT 06 볼을 친 후 클럽헤드가 지면을 쓸고 내려가듯이 한다.

03 오르막 라이

오르막 라이에서는 경사 자체가 볼을 띄우기 유리하므로 내리막보다 훨씬 쉽게 볼을 칠 수 있다. 다음의 몇 가지 사항만 주의하자.

POINT 01 훅 구질을 대비하여 에임을 타깃의 오른쪽으로 한다.

POINT 02 어깨를 지면의 경사와 평행하게 맞춘다.

POINT 03 클럽을 짧게 잡고 볼의 위치는 스탠스 중간보다 볼 1개 정도 왼쪽에 놓는다.

POINT 04 다운스윙 때 체중 이동이 어려우므로 몸을 과하게 움직이지 않는다.

POINT 05 임팩트 때 오른발을 지면에 붙인 채로 스윙한다.

POINT 06 피니시 때도 오른발로 잘 지탱하여 밸런스를 유지한다.

WOOD & HYBRID SHOT

볼을 잘 띄우기 위한 3가지 방법

페어웨이 우드 샷이 뜨지 않아 고민하는 골퍼들이 의외로 많다. 페어웨이 우드와 하이브리드의 탄도가 낮은 데는 3가지 원인이 있다. 첫째, 다운스윙 때 상체가 타깃 쪽으로 쏠려서 클럽의 로프트가 더 작아짐으로써 탄도가 뜨지 않는다. 둘째, 스윙 플레인 자체가 너무 플랫해서 클럽헤드의 입사각과 이에 따른 볼의 반사각이 제대로 형성되지 않아 볼에 임팩트 에너지가 옆으로만 전달되기 때문이다. 셋째, 클럽헤드 스피드가 너무 느려서 볼을 띄우는 요소인 백스핀을 충분히 만들지 못하기 때문이다.

01 상체가 타깃 쪽으로 쏠리는 경우

이 경우에는 스윙 순서를 지켜서 하체가 먼저 리드하는 스윙이 되어야 하며, 임팩트 순간까지 머리는 볼보다 뒤에 놓이도록 노력해야 한다.

02 스윙 플레인이 너무 플랫한 경우

이 경우에는 백스윙 때 어깨 회전을 수평 회전에서 좀 더 가파른 회전으로 바꾸고, 코킹을 적극적으로 하여 클럽이 보다 수직으로 올라갈 수 있도록 노력하여 스윙 플레인 자체를 더 업라이트하게 만들어야 한다. 이 교정 느낌은 쉽지 않으므로 완성될 때까지 집중하고 반복해서 연습해야 한다.

어깨가 너무 수평 회전을 하여 스윙 플레인이 플랫하다.

POINT 01
어깨 회전이 가파르기 때문에 업라이트 스윙 궤도가 이루어진다.

WOOD & HYBRID SHOT

03 스윙 스피드가 느린 경우

이 경우에는 힘을 모아서 한꺼번에 사용하는 스윙 팬을 휘두르거나 클럽을 거꾸로 잡고 휘둘러서 날카로운 소리를 내는 스위시 드릴 같은 연습이 좋다. 파워가 선천적으로 낮은 경우에는 근력운동으로 부족한 부분을 보강하는 것이 필요하다.

DRILL 01 > 스위시 드릴

01 우드를 거꾸로 잡고 어드레스 자세를 취한다.
02 백스윙을 한다.
03 점차 가속도를 내며 다운스윙을 한다. 이때 샤프트가 임팩트 존을 지나면서 더 날카롭게 '휙~' 소리가 나야 한다.
04 스피드를 줄이지 말고 그대로 피니시까지 해준다.

DRILL 02 > 스윙 팬 연습(Swing Fan Drill)

01 스윙 팬을 잡고 백스윙을 한다.
02 다운스윙 때 가속도를 낼수록 저항을 느끼며 스윙한다.
03 임팩트 존을 지나면서 팬 소리가 나야 하며 릴리스를 거침없이 해준다.
04 스피드를 줄이지 말고 그대로 피니시까지 해준다.

페어웨이 벙커에서 우드 치는 요령

　페어웨이에 조성된 벙커는 대개 벙커 사이즈가 큰 편이고 턱도 그다지 높지 않아서 보통 아이언으로 그린까지 공략하기에 그다지 어렵지 않다. 하지만 거리가 긴 홀에서는 벙커에서 그린까지의 거리가 많이 남게 되므로 아이언으로 그린까지 미치기에는 무리가 따른다. 이런 부득이한 경우 벙커 내에서 페어웨이 우드를 쳐야 하는 상황이 발생할 수 있는데 다음과 같은 요령으로 성공적인 샷을 날릴 수 있다.

페어웨이 벙커 우드 셋업

POINT 01 한 단계 긴 클럽을 선택하고 그립을 짧게 잡는다.

POINT 02 볼의 위치를 스탠스 중간보다 오른쪽에 놓는다.

POINT 03 턱을 들고 어드레스를 한다.

POINT 04 발을 안정되게 모래에 묻되 너무 깊게 묻지 않는다.

WOOD & HYBRID SHOT

페어웨이 벙커 우드 스윙 요령

POINT 01
백스윙톱은 평지에서보다 조금 짧게 한다.

POINT 02
체중이동을 많이 하는 것보다 제자리에서 회전하며 팔을 많이 사용하는 스윙을 한다.

POINT 03
볼의 후방이 아닌 위에서 보고 오른쪽 어깨가 떨어지지 않고 높이를 유지하며 스윙한다.

POINT 04
볼을 얇게 친다(볼 먼저 가격 후 모래를 스치는 정도).

POINT 05
무리한 회전과 체중이 동을 방지하기 위해 피니시 때 오른발을 너무 들지 않는다.

2 하이브리드 클럽 잘 다루는 요령

롱 아이언이 어렵다면 하이브리드를 활용하라

주 1회 정도 필드를 나가는 주말골퍼들에게 롱 아이언이란 다루기 쉬운 클럽이 아니다. 하지만 클럽도 점점 진화하여 골퍼들에게 롱 아이언을 완벽하게 보완할 수 있는 하이브리드 클럽이 만들어졌다. 하이브리드는 롱 아이언보다 길지만 여러 가지 면에서 사용하기에 더욱 편리하고 실수 완화성을 갖춘 클럽이다. 헤드의 바닥(솔, Sole) 부분이 일반 페어웨이 우드보다는 좁고 아이언보다는 훨씬 넓어서 우드만큼의 거리를 보낼 수 있다. 뿐만 아니라 실수에 민감한 롱 아이언과는 달리 방향성도 뛰어나다는 평가를 받고 있다.

과거에는 열악한 라이나 러프에서는 우드 샷을 금기시 하였다. 그러나 하이브리드 클럽은 사용가능하기 때문에 골퍼들에게는 신의 선물과 같은 클럽이라고 해도 과언이 아니다. 특히 여성들처럼 근력이 약한 골퍼와 헤드 스피드가 느려서 일반적인 페어웨이 우드나 롱 아이언을 다루기 힘든 골퍼들이 하이브리드 클럽의 최대 수혜자가 되고 있다.

WOOD & HYBRID SHOT

하이브리드 클럽 쉽게 치는 방법

셋업은 일단 5번이나 7번 우드 자세와 동일하다. 다만 볼의 위치를 너무 왼쪽으로 치우치지 않게 스탠스 중간보다 볼 1개 정도만 왼쪽에 놓는다. 만일 러프나 벙커 등 열악한 라이에서는 볼의 위치를 스탠스 가운데나 볼 1개 정도 오른쪽에 놓고 치는 것이 좋다. 왜냐하면 너무 완만하게 쓸어 치면 지면에 있는 장애물(잔디, 모래 등)에 미리 접촉되어 미스 샷이 될 확률이 높기 때문이다. 따라서 볼의 위치를 가운데나 오른쪽에 놓음으로써 클럽헤드가 약간은 가파르게 내려오도록 해야 볼을 더 깨끗하게 맞출 수 있다.

페어웨이 잔디 위에 있는 볼을 칠 때도 아이언처럼 약간은 찍어 치는 다운 블로우 개념으로 스윙하면 더 좋은 결과를 얻을 수 있다.

POINT 01 셋업은 5번이나 7번 우드와 동일하다.

POINT 02 볼의 위치는 좋은 라이에서는 스탠스 중간에서 볼 1개 정도 왼쪽, 러프나 벙커 등에서는 스탠스 중간이나 볼 1개 정도 오른쪽에 놓는다.

POINT 03 다운스윙은 우드처럼 쓸어 치기보다는 다운 블로우 개념으로 친다.

뒤땅과 탑핑이 자주 날 경우에는 앞땅을 때려라

페어웨이 우드와 하이브리드를 칠 때의 뒤땅과 탑핑은 같은 이유 때문에 발생한다. 다운스윙에서 체중이 왼쪽으로 실리지 않고 손목이 일찍 풀려서 내려와 스윙의 최저점이 볼보다 앞에서 이루어지기 때문이다. 스윙의 최저점이 볼을 치기 전에 지면을 먼저 치면서 이루어지면 뒤땅이 되고, 지면에 닿지않고 클럽헤드가 올라가면서 볼을 치면 탑핑이 되는 것이다. 결국 쓸어 쳐야 한다는 고정관념이 만들어낸 결과물이라 하겠다.

스윙의 최저점이 볼을 치기 전 지면에 먼저 접촉되면 뒤땅이 발생한다.

스윙의 최저점이 볼을 치기 전 지면 위 허공에서 이루어지면 탑핑이 발생한다.

WOOD & HYBRID SHOT

이러한 문제를 해결하기 위해서는 다운스윙을 좀 더 가파르게 해서 다운 블로우로 볼을 쳐야 한다. 좋은 임팩트를 만들려면 우드나 아이언을 막론하고 절대로 지면을 먼저 치면 안 된다. 그렇게 하기 위해서는 쓸어 친다는 개념보다는 다운스윙 때 클럽을 약간 가파르게 하향 타격으로 쳐야 하며, 최저점이 반드시 볼이 놓인 지점 이후에 이루어져서 클럽헤드가 지면에 닿아야 한다.

한마디로 볼을 기준으로 뒤땅을 치지 말고 앞땅을 치면 완벽한 교정이 될 수 있을 것이다. 연습방법으로는 볼 뒤 30cm 정도 지점에 헤드커버를 놓고 다운스윙 때 클럽헤드가 커버에 닿지 않도록 좀 더 가파른 플레인이 이루어지게 훈련해야 한다. 이 방법은 앞서 설명한 헤드 스피드를 높여주는 레이트 히트를 위한 연습(p.84)이기도 하다.

POINT 01 다운스윙은 가파른 하향 타격을 한다.

POINT 02 볼을 지나 앞땅을 친다는 생각으로 친다.

김해천의 라이브 어드바이스
양용은 선수의 하이브리드 샷을 기억하는가?

양용은 선수는 2009년 메이저대회인 PGA챔피언십 최종 라운드에서 타이거 우즈와 한 조가 되어 플레이를 했고 추격의 압박감 속에서 마지막 홀을 맞이하게 되었다. 18번홀(파4) 티 샷은 러프 지역에 떨어졌고 핀까지는 200야드 정도가 남은 조금은 불안한 상황이었다. 반면에 티 샷을 더 멀리 똑바로 날린 타이거 우즈에게는 기회가 온 셈이었다. 그 상황에서 양용은 선수가 꺼내든 클럽은 바로 19도짜리 하이브리드였다. 그리고 곧바로 그린 앞에 있는 나무를 넘겨 핀 2m 지점에 붙이면서 아시아인 첫 메이저대회 우승이라는 기적의 드라마를 연출했다.

이 장면은 우리나라 주말골퍼들에게 하이브리드 클럽의 유용성을 가장 잘 보여준 대표적인 순간이었다. 200야드 정도의 거리와 러프라는 상황에서 만일 하이브리드 클럽이 없었다면 어떤 클럽으로 공략했을까? 그 대안은 롱 아이언이었을 확률이 높은데 그렇다면 그 클럽으로 그렇게 정확하게 칠 수 있었을까? 하이브리드 클럽의 장점을 이 장면보다 더 완벽하게 설명할 수는 없을 것이다.

PART 5

IRON SHOT
아이언 샷

클럽 중에서 가장 치기 어려운 클럽이 아이언이다. 일단 개수만 봐도 3번 아이언에서 웨지까지 적어도 8개 이상이고 이 클럽들을 모두 섭렵해야 하기 때문이다. 아이언 샷의 임팩트가 견고하고 거리와 방향성에서 만족할만한 수준이 되기 위해서는 드라이버나 페어웨이 우드보다 상당한 세월이 필요하다. 따라서 이번 파트에서는 아이언 샷을 정복하기 위한 노하우를 밝히고자 한다.

1 아이언 샷의 기본 개념

숏 아이언, 미들 아이언, 롱 아이언 스윙의 차이점

아이언 샷을 배울 때는 대개 7번 아이언을 가지고 수개월동안 훈련한다. 왜냐하면 모든 아이언의 중간이며 대표적인 클럽이므로 7번 아이언을 잘 익히면 숏 아이언이나 미들 아이언은 어느 정도 다룰 수 있기 때문이다. 하지만 7번 아이언을 완벽하게 잘 쳐도 다른 아이언을 다루기 힘든 것이 현실이다.

아이언을 잘 치기 위해서는 롱 아이언, 미들 아이언, 숏 아이언 등의 특성에 맞는 스윙 개념과 웨지 샷의 컨트롤까지 익혀야 한다. 또한 각 아이언별 비거리가 일정해야 하기 때문에 이 모든 것을 감안한다면 아이언은 결코 다루기 쉬운 클럽이 아니다. 그렇기 때문에 골퍼들이 연습장에서 아이언 연습에 가장 많은 시간을 투자하는 것이다. 그럼 지금부터 아이언 샷을 잘 치기 위한 기본 개념부터 살펴보자.

01 숏 아이언(샌드웨지, 피칭웨지, 9번 아이언)

POINT 01
스탠스는 어깨너비보다 좁게 선다.

POINT 02
체중분배는 오른발에 4, 왼발에 6 정도 한다.

POINT 03
볼의 위치는 스탠스 중간이 적당하고 백스핀을 원한다면 볼 1개 정도 오른쪽에 둔다.

POINT 04
백스윙과 다운스윙 궤도는 가파르게 한다.

POINT 05
헤드 스피드는 몸통 회전 속도 비율에 맞춰 부드럽게 스윙한다.

POINT 06
몸통 회전은 부드럽게 해준다.

POINT 07
체중이동은 의식하지 않는다.

아이언 샷의 기본 개념 143

IRON SHOT

02 미들 아이언(8~6번 아이언)

POINT 01 등을 펴고 머리를 든다.

POINT 02 스탠스 폭은 어깨 너비가 적당하다.

POINT 03 체중분배는 5:5로 한다.

POINT 04 볼의 위치는 스탠스 중간이 적당하다.

POINT 05 스윙 플레인은 숏 아이언보다는 약간 플랫하다.

POINT 08 헤드 스피드는 몸통 회전에 맞춰 빠르게 스윙한다.

POINT 07 몸통 회전은 숏 아이언보다 조금 빠르게 해준다.

POINT 06 척추축을 중심으로 체중이동을 한다.

03 롱 아이언(5~3번 아이언)

POINT 01 턱을 살짝 들어준다.

POINT 02 무릎을 살짝 편다.

POINT 03 스탠스는 어깨너비보다 넓게 선다.

POINT 04 체중분배는 오른발에 6, 왼발에 4 정도 한다.

POINT 05 볼의 위치는 스탠스보다 볼 1개 왼쪽에 둔다.

POINT 06 스윙 플레인은 미들 아이언보다 조금 플랫하다.

POINT 09 헤드 스피드는 가장 빠르게 스윙한다.

POINT 08 몸통 회전은 빠르게 해준다.

POINT 07 척추축을 중심으로 빠른 체중이동을 한다.

숏 아이언 샷의 기본 정석

 숏 아이언 샷은 비교적 쉬운 샷이다. 다만 핀에 가깝게 쳐야 한다는 강박관념 때문에 실수를 할 때도 있지만 그래도 미들 아이언이나 롱 아이언에 비하면 쉽다. 따라서 다음과 같은 몇 가지만 잘 숙지해도 별 문제없이 숏 아이언을 잘 칠 수 있을 것이다.
 볼은 스탠스 중간이나 볼 1개 정도 오른쪽에 놓고 체중은 왼발에 60% 정도 둔다. 그리고 스윙은 리듬감 있게 해야 한다. 임팩트 때는 손을 앞으로 더 리드시켜 볼보다 앞서게 해야 하며 볼을 친 후 반드시 디봇이 생기도록 다운 블로우로 쳐야 임팩트가 견고해진다. 컨트롤 샷을 할 때는 왼발 스탠스를 약간 오픈시키는 것이 방향성 향상에 도움이 된다.
 숏 아이언을 칠 때 가장 유의해야 할 점은 엉덩이와 팔의 속도 조화이다. 다운 스윙 때 엉덩이는 부드럽게 움직여야 하며 그에 따라 팔의 속도도 너무 급하지 않고 유연하게 내려와야 한다. 숏 아이언의 대부분의 실수는 이 불문율을 제대로 실행하지 못하는 데서 온다.

엉덩이 회전은 빠르고 팔 회전이 느리면 클럽페이스가 열려 맞는다.

엉덩이 회전은 느리고 팔 회전이 빠르면 클럽페이스가 닫혀 맞는다.

POINT 01
엉덩이와 양팔의 스피드가 조화를 잘 이루어야 스퀘어로 맞는다.

롱 아이언 샷의 기본 정석

　대부분의 주말골퍼들은 롱 아이언을 부담스러워 한다. 오죽하면 골프백에 2번 아이언을 가지고 다니는 사람과는 내기하지 말라는 말까지 있겠는가. 아마추어 골퍼들이 롱 아이언을 어려워하는 이유는 클럽의 길이가 길어서 다루기가 힘들고 로프트가 작아서 볼을 띄우기도 어렵기 때문이다. 또한 롱 아이언은 멀리 쳐야 된다는 강박관념 때문에 항상 급하고 과장된 스윙을 하게 된다. 그 결과 몸이 많이 흔들려서 볼을 스위트 스팟(Sweet Spot)에 맞추지 못하는 미스 샷 발생이 잦아진다. 그러나 어려운 가운데서도 해법은 반드시 있는 법. 다음과 같은 요건을 갖추면 롱 아이언도 없어서는 안 될 유용한 무기가 될 것이다.

　첫째, 볼은 스탠스 중간보다 볼 1개 정도 왼쪽에 두고 체중은 오른발에 살짝 더 싣는다(55~60%). 그리고 턱을 들고 척추를 조금 세운 자세로 셋업을 한다. 둘째, 멀리 쳐야한다는 부담감을 버린다. 그립을 손가락 쪽으로 부드럽게 잡고 몸의 힘을 최대한 뺀 다음 몸을 조금 더 세운 채 어드레스를 해서 거리 부담으로 인한 몸의 경직을 없앤다. 셋째, 롱 아이언 스윙은 거리 때문에 몸의 움직임이 과해지는 것이 보통이다. 이때는 과격한 스윙보다는 백스윙 때 어깨 회전을 충분히 해서 자연스럽게 역동성 있는 다운스윙이 이루어지도록 하고, 스윙의 리듬을 살려 견고한 임팩트 만들기에 더 집중해야 한다. 넷째, 롱 아이언으로 볼을 더 띄울 수 있는 방법은 다운스윙 때 역동적인 엉덩이 회전에 맞춰서 팔도 빨리 휘둘러 클럽 헤드 스피드를 높여야 한다. 그리고 피니시까지 속도를 늦추지 않고 스윙을 해서 샤프트가 등을 칠 수 있도록 한다.

POINT 02
피니시에서 샤프트가 등을 칠 정도로 빠르고 강력하게 스윙한다.

POINT 01
빠른 엉덩이 회전과 함께 양팔도 빨리 휘두른다.

IRON SHOT

정교한 아이언 샷을 하기 위한 스퀘어 포지션

아이언 샷은 거리를 멀리 치기보다는 정확하게 치는 것이 더 중요하다. 거리 조절은 클럽을 바꿔서 선택하면 되기 때문에 각 클럽별로 일정한 거리를 정교하게 치는 것이 아이언 샷의 목적이다. 그리고 그린 적중률을 높이기 위해서, 즉 볼을 정교하게 치기 위해서는 스퀘어 포지션(Square Position)을 지켜야 한다.

볼을 똑바로 보내기 위해서는 임팩트 순간 클럽페이스가 타깃라인에 직각이 되어야 한다는 것은 불문율이다. 그것은 임팩트 순간의 동작으로 이루어지는 것이 아니고 스윙 전반을 통해서 클럽페이스가 올바른 모양을 유지했을 때 가능한 것이다. 그것을 각 구간별 스퀘어 포지션이라고 하는데 다음과 같이 유지해야 한다.

각 구간에서 스퀘어 포지션이 잘 이루어지기 위한 연습 방법으로 앞에서 소개한 '토우 업 투 토우 업 드릴(p.71)'이 효과적이다.

POINT 01

백스윙 스퀘어 포지션

샤프트가 타깃라인과 지면에 동시에 평행이 될 때 클럽페이스의 리딩에지가 지면과 수직이거나 상체를 숙인 각도 사이가 되어야 한다.

2 아이언 잘 다루는 요령

견고한 임팩트를 위한 연습 방법

드라이버는 임팩트가 완벽히 이루어지지 않아도 샤프트의 길이와 큰 헤드의 기능 때문에 어느 정도 거리를 확보할 수 있다. 하지만 아이언은 임팩트가 견고하지 않으면 거리가 형편없이 짧아질 뿐만 아니라 정확성도 떨어진다. 이렇듯 아이언은 임팩트의 영향을 가장 많이 받는 클럽이므로 아이언을 잘 치려면 임팩트를 강화해야만 한다. 아이언 샷의 견고한 임팩트 없이는 고수가 되기를 포기해야 할 정도이다.

임팩트를 강화하기 위해서는 임팩트 순간 클럽이 다운 블로우로 이루어지면서 볼을 먼저 치고 그 다음에 지면을 치는 순서로 진행되는 개념을 확실하게 숙지해야 한다. 또한 클럽페이스의 정중앙으로 볼을 치지 않는다면 강한 임팩트가 형성되지 않는다.

임팩트를 강화하는 연습 방법으로 2개의 볼을 놓고 하는 '투 볼 드릴(Two-Ball Drill)'과 3개의 볼을 놓고 하는 '스리 볼 드릴(Three-Ball Drill)'을 소개한다.

DRILL 01 > 투 볼 드릴

대략 볼의 오른쪽 20cm 지점, 즉 클럽헤드가 내려오는 궤도 아래에 또 다른 볼을 놓고 볼을 치는 방법이다. 뒷볼에 클럽헤드가 닿지 않도록 노력하다 보면 클럽이 다운블로우로 진행되어 뒤땅과 탑핑이 사라지고 임팩트가 강화된다.

DRILL 02 > 스리 볼 드릴

치고자 하는 볼 위아래에 볼 1개 간격으로 볼 2개를 놓고 그 볼들을 건드리지 않고 가운데 볼만 깔끔하게 쳐내는 연습이다. 이 연습을 하게 되면 볼을 클럽페이스 정중앙으로 칠 수 있게 되어 임팩트가 몰라보게 견고해진다.

아이언 샷은 다운 블로우로 쳐라

다운 블로우는 롱 아이언을 제외한 모든 아이언을 사용할 때 중요하게 작용하는 스윙 원리이다. 만일 아이언을 어퍼 블로우로 친다면 클럽헤드의 최저점이 볼에 닿기 전에 지면에 먼저 닿으면 뒤땅이 되고, 최저점이 지면 위에서 이루어진 후 클럽헤드가 올라가는 과정에서 볼에 맞으면 탑핑이 된다. 다운 블로우와 어퍼 블로우는 타격(타점)을 이루는 타이밍에 약간의 차이가 있을 뿐이지만 그 결과는 엄청난 차이가 있다.

아이언을 다운 블로우로 치는 사람은 골프실력 향상에 무한한 가능성을 보장받을 수 있으나 그렇지 못한 경우에는 구력과 관계없이 초보실력에 머무를 수밖에 없다. 그렇다고 미리 실망할 필요는 없다. 다운 블로우를 구사하는 방법은 그리 어렵지 않으며 크게 2가지만 익히면 된다. 바로 올바른 체중이동과 손목코킹의 유지이다.

YES

POINT 01
다운스윙 때 체중이 왼발로 이동해야 다운 블로우가 된다.

NO

다운스윙 때 체중이 오른발에 많이 남으면 어퍼 블로우 스윙 궤도가 된다.

POINT 02

YES — 다운스윙에서 손목이 일찍 풀리지 않아야 다운 블로우가 된다.

NO — 손목이 일찍 풀리면 클럽헤드가 볼을 걷어 올리는 어퍼 블로우가 된다.

DRILL > 얼리코킹으로 볼 눌러치기

다운 블로우를 위한 연습으로 볼을 오른발 쪽에 놓고 얼리코킹을 해서 볼을 가파르게 눌러치는 방법이 있다. 이것은 넉다운 샷(Knock Down Shot)의 개념이 되기도 한다.

01 볼을 오른발 쪽에 놓는다.
02 손목코킹을 이용하여 백스윙을 가파르게 한다.
03 다운스윙을 가파르게 한다.
04 볼을 위에서 누르듯이 친다.

아이언 잘 다루는 요령

각 아이언별로 거리차가 일정해야 한다

　보통 아이언 한 클럽 당 10야드 이상의 거리차가 생기는 것이 바람직하다. 그러나 많은 골퍼들이 6번, 7번, 8번의 비거리 차이가 크지 않고 특히 롱 아이언으로 갈수록 거리차를 느낄 수 없다고 하소연하는 경우를 보게 된다. 이 문제를 해결하기 위해 2가지 개념을 이해할 필요가 있다. 바로 클럽의 로프트와 길이이다.

　일반적으로 똑같은 헤드 스피드로 볼을 쳤을 때 클럽의 로프트가 작아서 볼이 뜨지 않는다면 적정 로프트 클럽의 적정 탄도를 가진 볼보다 비거리가 짧아지게 된다. 또한 풀스윙을 해서 클럽헤드의 스피드를 점검해보면 클럽의 길이가 길수록 더 빠른 것을 알 수 있다. 즉, 7번 아이언과 드라이버로 스윙했을 때 몸과 팔은 같은 속도로 회전해도 샤프트의 길이가 긴 드라이버가 아이언보다 더 큰 원을 그리면서 더 많은 운동을 하기 때문에 속도가 아이언보다 더 빠를 수밖에 없다.

　하지만 아이러니하게도 긴 클럽(3번 아이언)으로 치더라도 탄도가 너무 낮으면 헤드 스피드는 증가하지만 낮은 탄도 때문에 서로 상쇄되어 결국 비거리는 짧은 클럽(5번 아이언)과 비슷해진다.

　그렇다면 모든 아이언의 거리차를 내려면 어떻게 해야 하는가? 결국 긴 클럽일수록 헤드 스피드를 더 높여서 볼을 띄워야 한다는 결론이 나오게 된다. 헤드 스피드가 증가하면 로프트가 작은 클럽일지라도 공중으로 더 띄울 수 있게 된다는 것은 많은 실험을 통해서도 이미 입증된 사실이다. 그러므로 앞에서 설명한 헤드 스피드를 높이는 드릴(p.84)을 연습하면 도움이 된다. 만약 연습이 부족하다면 롱 아이언으로 갈수록 샤프트가 더 가볍고 강도가 약한 것과 저중심 헤드로 디자인된 클럽을 사용하는 것도 스피드를 높여서 볼을 띄우는 데 도움이 많이 된다.

디봇 자국에서의 샷 방법

볼이 멈춘 지점이 디봇 자국이기는 하나 모래로 메워진 자국이라면 불행 중 다행이라 생각해야 한다. 이때는 페어웨이 벙커에서 샷을 하는 요령과 같다. 볼만 떠내듯 치든지 또 다른 디봇을 만들든지 반드시 땅이 아닌 볼부터 쳐야 한다는 것이다. 이렇게 치기 위해서는 어드레스 때 턱을 들고 어깨 높이를 유지하는 스윙을 해야 한다.

디봇 자국이 모래로 메워진 경우에는 반드시 볼의 아랫부분을 쳐야 한다.

만일 볼이 모래로 메워지지 않은 디봇 안에 들어가 있다면 가장 난감한 경우이다. 이때는 그린에 잘 올리는 것보다는 실수를 최소화 하는 데 역점을 두어야 한다. 정확한 임팩트는 클럽헤드가 볼의 하단부를 쳐야만 가능하지만 이 상태에서는 불가능하므로 그보다 약간 위쪽이나 상황에 따라서는 중간 부분을 쳐야 한다. 결국 탑핑성 타구가 될 텐데 바로 그것이 정답이다.

요령은 한 두 클럽 길게 선택해서 그립을 짧게 잡고 볼을 스탠스 중간보다 오른쪽에 두고 가파르게 스윙해서 의도적인 탑핑을 유발한다. 긴 클럽을 선택하는 이유는 3/4스윙으로 부드럽게 스윙해서 탄도가 낮고 많이 구르는 구질을 쳐야 하기 때문이다. 이 상황에서 아마추어 골퍼들이 가장 자주 범하는 실수는 클럽 선택을 신중하게 하지 않는데서 비롯된다. 평소 거리 클럽으로 그린에 올리기 위해 강하게 풀스윙을 하다가 블레이드 탑핑(일명 날 샷)이 되어 낮고 날카로운 탄도를 그리며 그린을 넘어 반대편 OB지역으로 빠지는 경우가 많다.

디봇 자국이 모래로 메워지지 않은 경우에는 의도적인 탑핑을 구사한다.

POINT 01
볼의 중간 부분을 쳐서 탑볼을 유도해야 한다.

POINT 02
3/4스윙을 해야 하므로 한 두 클럽 크게 선택한다.

POINT 03
긴 클럽을 잡는 만큼 그립은 짧게 잡는다.

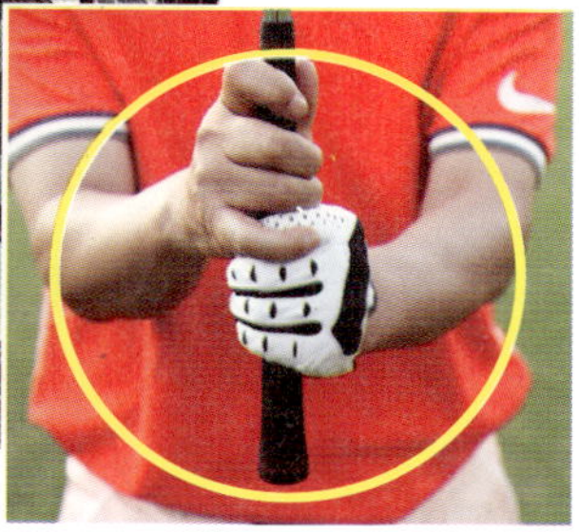

디봇 자국에서의 스윙 요령

01 볼의 위치를 스탠스를 오른쪽에 둔다.
02 3/4크기로 백스윙을 한다.
03 다운스윙을 가파르게 하고 양손이 어깨 높이 정도에 오도록 스윙한다.

아이언 잘 다루는 요령

IRON SHOT

김해천의 라이브 어드바이스

두 클럽 사이의 애매한 거리가 남았을 때

가끔 볼에서 그린까지의 거리가 두 클럽 사이의 애매한 경우가 있다. 이때는 어떤 클럽을 잡아야 할까? 해답은 그날의 플레이 내용 안에 숨어 있다. 개인마다 그날의 몸 컨디션과 기분이 다르기 마련이다. 몸 상태가 최상이고 클럽도 가볍게 느껴지는 날에는 스윙도 자신 있게 이루어지고 거리도 충분히 나가게 되어 있다. 그 결과 자신의 평소 거리보다 자꾸 길어져 볼이 핀보다 뒤쪽에 떨어지게 된다. 이럴 땐 두 클럽 사이의 거리에서는 짧은 클럽을 선택하는 것이 좋다.

위와 반대로 몸 컨디션이 엉망일 때가 있다. 전날 과음을 했다거나 수면을 제대로 취하지 못한 경우 또는 날씨가 추워 옷을 많이 껴입은 경우 등에는 정신은 말짱해도 몸은 평소보다 기능이 떨어지게 된다. 이런 경우에는 클럽도 무겁게 느껴지고 스윙 시 어깨 회전이 잘 되지 않는다. 또한 샷의 결과가 대체로 그린 앞쪽에 짧게 떨어지거나 온 그린이 되어도 그린 앞쪽에 겨우 올라가는 상황이 많이 발생한다. 이런 날에는 무의식적으로 스윙을 할 때 점점 힘이 많이 들어가게 되고 스윙도 무리하게 되어 미스 샷이 잦아지며 스윙 자체도 변형되기 쉽다. 따라서 컨디션이 좋지 않은 날에는 두 클럽 사이의 애매한 거리가 남을 경우 긴 클럽을 사용하여 스윙에 무리가 가지 않고도 거리를 보낼 수 있도록 해줘야 한다.

또한 화창한 날씨, 고도가 높은 골프장, 딱딱한 그린일 경우에는 짧은 클럽을 선택하는 것이 좋고, 안개가 끼거나 우천 시, 흐린 날씨, 공기의 밀도가 무거운 저지대 골프장 등에서는 긴 클럽을 사용하는 것이 현명하다.

>>> **클럽 선택 요령**
- 컨디션이 좋고 어깨 회전이 잘 될 때: 짧은 클럽 선택
- 화창한 날씨, 높은 고도의 골프장, 딱딱한 그린일 때: 짧은 클럽 선택
- 클럽이 무겁게 느껴지고 어깨 회전이 잘 안될 때: 긴 클럽 선택
- 안개, 우천 시, 흐린 날씨, 공기가 무거운 저지대 골프장: 긴 클럽 선택

IRON SHOT

③ 아이언 미스 샷을 잡아라

탄도가 너무 높고 거리가 안 날 경우

CASE 01

교정 볼의 위치를 더 뒤에 두고 손을 리드시킨 후 스트롱 그립을 취한다.

CASE 02

교정 코킹을 최대한 유지하여 다운 블로우를 구사한다.

CASE 03

교정 임팩트 시 체중을 왼발 위로 실어주며 머리도 체중이동과 함께 이동하여 임팩트 때 볼 위쪽에 오도록 한다.

CASE 04

교정 임팩트 시 몸과 머리를 볼 뒤에 남겨두지 말고 볼을 지나가도록 한다.

탄도가 너무 낮고 그린에서 많이 구를 경우

CASE 01

교정 볼의 위치를 중간에 두고 뉴트럴 그립으로 바꾼다.

IRON SHOT

CASE 02

> **교정** 좀 더 가파른 스윙궤도를 이뤄 다운 블로우로 볼을 친다.

CASE 03

> **교정** 상체보다 하체가 리드하도록 한다.

김해천의 라이브 어드바이스
타수를 잃지 않는 그린 공략법

세컨 샷에서 아이언으로 그린을 공략할 때 핀을 향해 과감하게 샷을 하는 공격형 스타일과 그린 주변의 위험 요소를 고려하여 그린의 안전한 곳으로 공략하는 전략형 스타일이 있다. 상급자는 과감한 샷과 안전한 곳으로의 공략을 상황과 느낌에 따라 잘 배합해서 실행한다. 하지만 초급자일수록 오로지 그린 위에 보이는 핀에 집착하기 때문에 주위의 위험 요소를 고려하지 않는 공격적인 경향이 있다. 그렇기 때문에 작은 실수에도 그린을 놓치는 경우가 많고 볼이 위험한 곳에 떨어져 다음 샷이 어려운 상황에 이르기도 한다. 즉, 상급자는 한 샷의 실수 그 자체로 끝나지만 하수들은 다음 샷까지도 보장받을 수 없는 최악의 상황을 자초할 수도 있다.

그럼 타수를 잃지 않고 그린을 안전하게 공략하는 방법을 알아보자. 우선 그린 주위의 위험 요소를 살펴보면 대표적으로 그린을 둘러싸고 있는 벙커가 있고, 워터 해저드가 주위에 있는 경우가 있다. 또한 그린 주위에도 경사가 심한 곳과 심지어는 OB말뚝이 근접한 곳도 있다. 일단 핀의 위치가 이러한 위험 요소와는 거리가 멀고 핀 주위 그린의 여유 공간도 넉넉하다면 핀을 직접 노려도 상관없다. 하지만 핀이 장애물 쪽으로 치우쳐 있다면 욕심을 버리고 그린의 넓고 안전한 지점을 향해 샷을 해야 한다. 욕심을 버리고 참는 것도 실력의 일부라는 것을 잊어서는 안 된다.

PART 6

WEDGE SHOT
100m 이내의 웨지 샷

실전에서 100m 안에서의 플레이가 얼마나 중요한지는 굳이 설명하지 않겠다. 한 가지 확실한 것은 그 거리 안에서는 그린에 꼭 올려야 하며 더 나아가서는 핀에 가깝게 붙여야 한다는 사실이다. 결국 거리감과 정확성이 뒷받침되어야 한다는 것이다. 이제 100m 이내에서의 플레이 노하우를 알아보자.

WEDGE SHOT

1 웨지 샷의 기본 개념

셋업과 스윙 요령

일반 아마추어 골퍼들이 가장 편안하게 다룰 수 있는 클럽은 아마 웨지일 것이다. 아무래도 클럽의 길이가 짧고 로프트 각도가 크기 때문에 볼을 띄우기가 용이하기 때문이다. 웨지에는 피칭웨지(PW, 48도), 갭웨지(PS/AW, 52도), 샌드웨지(SW, 56도), 로브웨지(LW, 60도) 등 다양한 종류가 있다. 이러한 클럽들로 풀스윙을 해서 치는 샷은 그리 어렵지 않고 실수도 많이 발생하지 않는다.

하지만 더 가까운 거리에서 볼을 깃대에 가깝게 붙이기 위해 스윙을 조절해야 하는 경우라면 엄청나게 어려워진다. 지금부터 100m 이내에서 사용하는 숏 아이언 클럽을 잘 다루기 위한 기본 요령을 알아보자.

WEDGE SHOT

▶ 웨지 샷 스윙 요령

YES

POINT 01
백스윙은 가파르게 한다.

NO

YES

POINT 02
양쪽 겨드랑이가 밀착되는 느낌으로 한다.

NO

YES

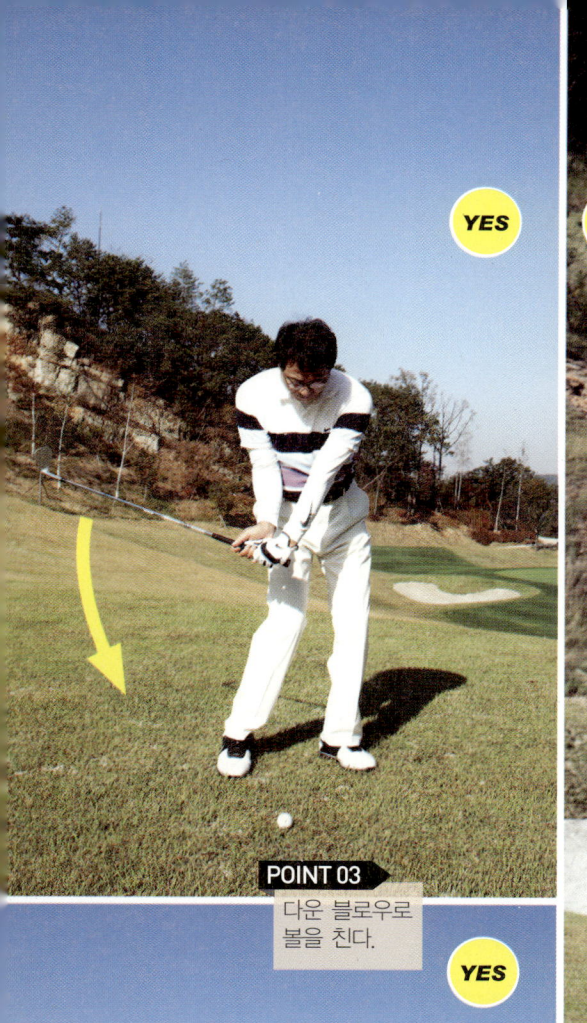

POINT 03
다운 블로우로
볼을 친다.

YES

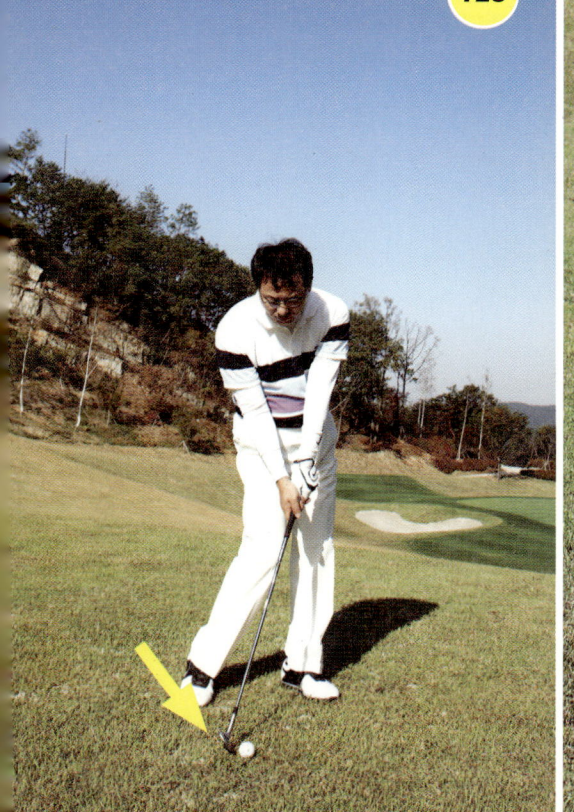

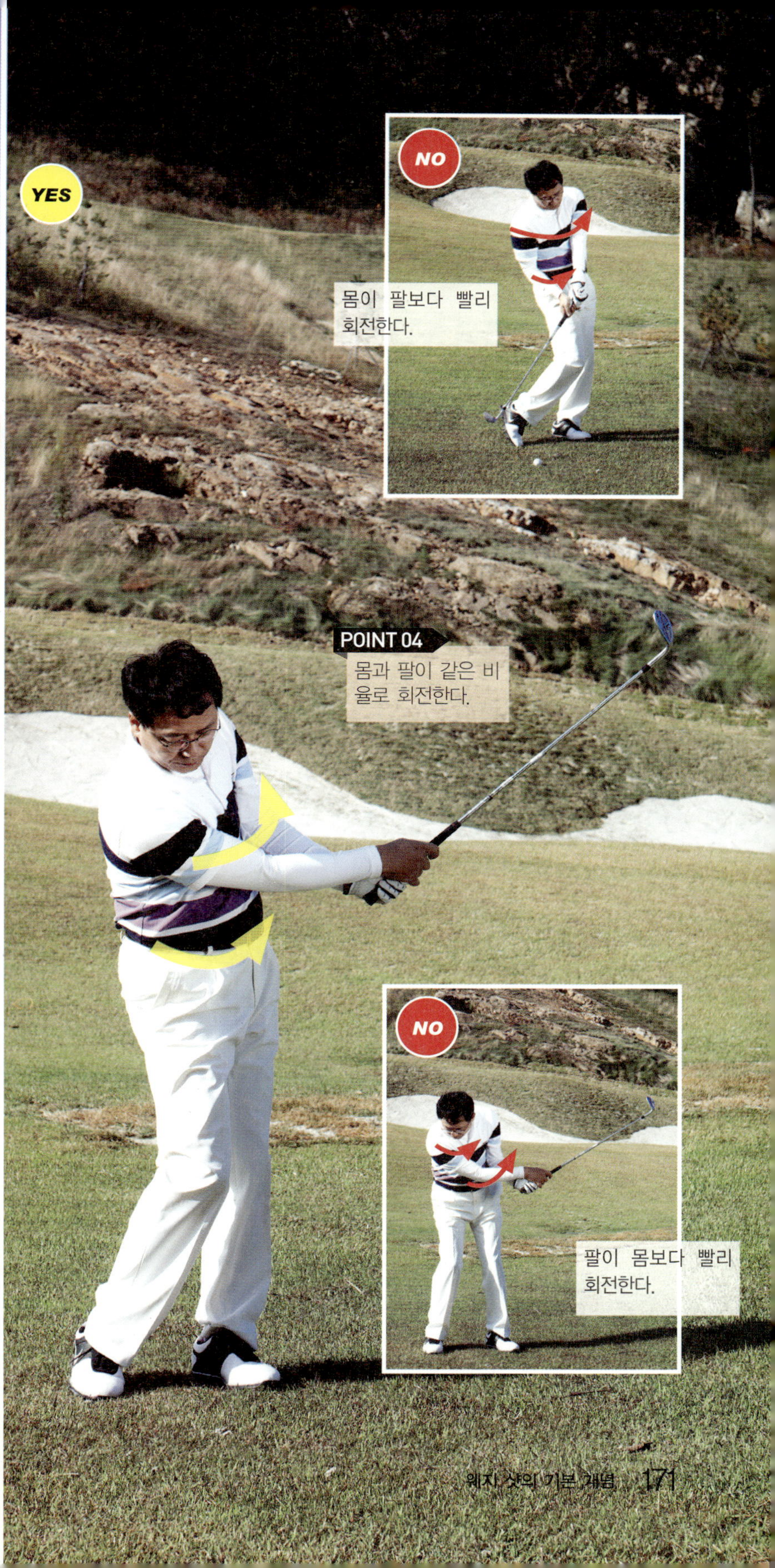
YES
NO
몸이 팔보다 빨리
회전한다.
NO
팔이 몸보다 빨리
회전한다.

POINT 04
몸과 팔이 같은 비
율로 회전한다.

WEDGE SHOT

② 100m 이내 공략법

100m 이내 거리 조절 요령

　100m 안에서 정확한 샷을 하기 위해서는 거리를 맞추는 것이 관건이다. 물론 자신의 거리감으로 할 수도 있지만 주말골퍼의 경우 컨디션에 따라 감이 안 좋을 경우에는 거리 미스가 날 확률이 높아진다. 따라서 필자는 여기서 과거에 미국 골프대학에서 익혔던 방법을 소개하고자 한다. 바로 스윙의 크기를 조절하여 거리를 맞추는 방법이다. 스윙의 크기에 대한 기준을 세워두면 실전에서 잊지 않고 쉽게 사용할 수 있기 때문에 주말골퍼들에게는 가장 유용하다.

　실전에서 100m 이내의 거리가 남아있고 핀에 붙이기를 원하는데 거리에 따른 자신만의 확실한 스윙 기준이 있다면 자신감이 생기기 마련이다.

WEDGE SHOT

STEP 02 백스윙과 팔로스루 때 정점을 이루는 손의 높이 위치를 정한다. 이 때 클럽헤드가 아닌 손의 위치로 기준을 정하는데, 그 이유는 클럽헤드는 코킹의 정도에 따라서 높이가 바뀔 수 있고 그 위치를 골퍼가 쉽게 인지할 수 없

20m: 엉덩이에서 엉덩이까지

60m: 어깨에서 어깨까지

80m: 머리에서 머리까지

기 때문이다. 먼저 56도 웨지로 시작하고 거리의 증가에 따라 자신의 비거리를 고려하여 52도와 피칭웨지로 클럽을 바꿔준다.

40m: 허리에서 허리까지

100m: 풀스윙

WEDGE SHOT

피칭웨지, 52도, 56도 웨지를 다양하게 사용하라

과거에 비해 골프클럽의 스펙이 눈에 띄게 달라졌다. 예전에는 피칭웨지가 52도였지만 지금은 45~48도 정도가 된다. 그렇기 때문에 피칭웨지와 샌드웨지(56도 기준) 사이에 너무 큰 간극이 발생한다. 이 차이를 메꾸기 위해 현재 52도인 갭웨지가 P/S, AW, A, D 등의 이름으로 사용된다.

그런데 아이러니하게도 여기에서 클럽과 연관된 모순이 생겨났다. 국내에서는 이러한 클럽을 통상 어프로치 웨지라 부르고 실제 그린 주위에서 어프로치 샷을 할 때는 거의 A웨지를 사용하는 예가 많다는 것이다. 특히 초보자나 여성일수록 더욱 심하다. 그러나 이것은 지극히 잘못된 개념이다. A웨지는 어프로치 전용이 아닌 여러 웨지 중 한 개일 뿐이다.

숏게임을 잘 하려면 원하는 형태의 샷을 만들기 위해 그 상황에 맞는 클럽 선택을 잘해야 한다. 그러기 위해서는 피칭웨지나 갭웨지 또는 샌드웨지를 다양하게 사용할 줄 알아야 한다. 한 가지 클럽만으로 모든 숏게임을 처리하려고 하면 특정한 상황에서만 성공 확률이 높을 뿐 그 외의 상황에서는 효과적이지 못하다.

예를 들어 그린 앞쪽에 핀이 있고 벙커를 넘겨 쳐야 하는 30m 거리에서는 볼을 띄워서 그린에 빨리 세우는 것이 가장 효과적일 것이다. 그런데 항상 어프로치 웨지만 사용하면 볼이 착지 후 샌드웨지보다 더 많이 굴러가게 된다. 하지만 핀이 그린 앞쪽에 있을 때는 당연히 로프트가 더 큰 클럽이 더 효과적이다. 따라서 샷을 완벽하게 구사해도 클럽 선택 여하에 따라 그 결과는 달라진다.

진정한 고수가 되기 위해서는 그린 주위에서 한 가지 클럽만을 고집하지 않고 다양한 클럽을 사용할 줄 알아야 한다. 평소 연습장에서 10여 분의 연습이면 충분히 잘 다룰 수 있다. 문제는 이렇게 간단한 것을 못해서가 아니라 안 해서 탈이다.

백스핀 구사 요령

골퍼라면 누구나 환상적인 백스핀이 걸리는 샷을 하고 싶을 것이다. 엄밀히 따지면 모든 아이언 샷은 임팩트만 제대로 이루어진다면 자동적으로 백스핀이 걸리게 되어 있다. 다만 백스핀의 강도가 약하기 때문에 바로 멈추거나 뒤로 진행하지 않을 뿐이다. 백스핀을 잘 걸기 위해서는 다음과 같은 조건이 충족되어야 한다.

01 3피스, 4피스 볼을 사용한다

거리가 많이 나가도록 제작된 볼은 대개 2피스 볼이다. 이 볼은 코어 부분과 커버 부분으로 이루어져 있고 비교적 커버가 딱딱한 우레탄으로 되어 있다. 하지만 3피스 이상의 볼은 거리보다는 컨트롤에 중점을 두어 제작되었다. 따라서 코어 부분과 중간 재질은 얇은 고무줄로 감아놨거나 탄력성이 좋은 합성고무 성분으로 이루어져 있고 커버 부분도 2피스보다 더 부드러운 발라타 성분을 많이 사용한다. 그러므로 더 많은 백스핀을 만들어내기 위해서는 3피스 이상의 볼을 사용하는 것이 좋다.

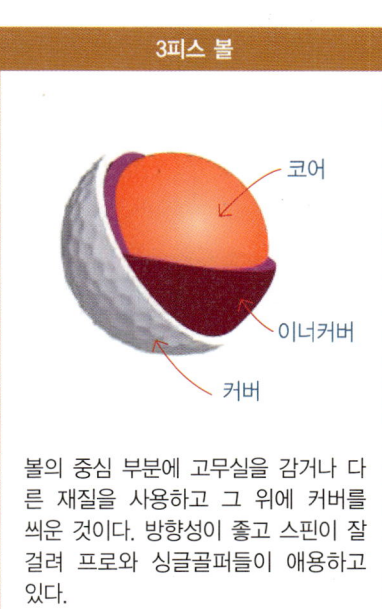

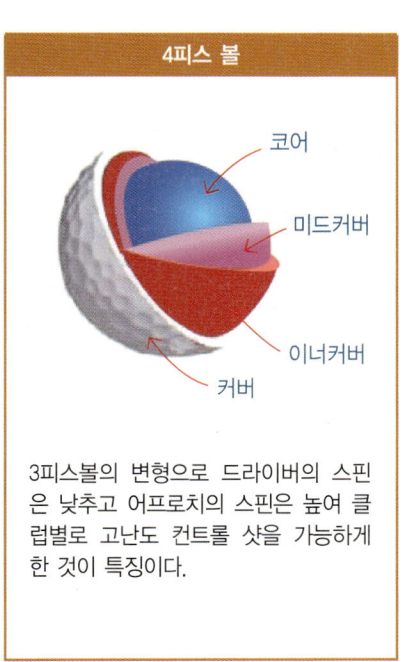

2피스 볼 — 합성고무와 강화커버의 두 부분으로 이루어졌으며, 볼의 런이 많아 비거리를 내는 데 적합하다. 타구 시 느낌이 딱딱하며, 정확성을 노리는 샷을 할 때에는 목표를 벗어날 우려가 있다.

3피스 볼 — 볼의 중심 부분에 고무실을 감거나 다른 재질을 사용하고 그 위에 커버를 씌운 것이다. 방향성이 좋고 스핀이 잘 걸려 프로와 싱글골퍼들이 애용하고 있다.

4피스 볼 — 3피스볼의 변형으로 드라이버의 스핀은 낮추고 어프로치의 스핀은 높여 클럽별로 고난도 컨트롤 샷을 가능하게 한 것이 특징이다.

WEDGE SHOT

02 페어웨이 잔디가 짧아야 한다

　잔디가 짧을수록 더 많은 백스핀이 걸리고 맨땅 위에서 정타가 이루어졌을 때 가장 많은 백스핀이 걸린다. 그 이유는 임팩트 순간 볼이 압축되는 강도가 강해지기 때문이다. 따라서 러프나 잔디 위에 떠있는 볼을 칠 때는 볼과 클럽 사이에 잔디가 끼어 쿠션 작용이 일어나기 때문에 백스핀이 덜 걸려 그린에 떨어진 다음 더 많이 구르는 것은 당연하다.

03 그린의 상태가 백스핀에 적합한 강도를 이루고 있어야 한다

　그린 상태가 너무 부드럽거나 반대로 딱딱하면 백스핀이 잘 걸리지 않는다. 오래된 골프장의 그린 표면은 대체로 푹신하거나 아예 딱딱하게 변해있다. 그 이유는 잔디 줄기와 뿌리 사이의 숱이 많고 머리털 같은 부분이 그린 표면 밑에서 오랜 기간 자라면 그린이 마치 스펀지같이 푹신해지고 밟으면 발자국이 오래 남기도 한다. 이런 그린에 볼이 떨어지면 잔디가 쿠션 역할을 해서 백스핀을 약화시킨다. 이러한 문제점을 해결하기 위해 잔디를 세로로 깎는 기계가 개발되기도 했다.

　반대로 그린 표면이 너무 딱딱한 경우는 그린을 조성할 때 물과 공기가 통할 수 있는 그린의 조성 기준(깊이에 따른 모래, 자갈, 토양 등의 단층배합)을 지키지 않기 때문이다. 이 경우 볼이 떨어지면 백스핀의 양은 줄지 않지만 딱딱한 표면에 의해 볼이 튀기 때문에 백스핀을 기대하기는 어렵다. 이것을 개선하기 위해 골프장은 시즌별로 잔디에 구멍을 뚫고 모래를 넣어 공기가 통하게 하기도 한다.

04 볼의 뒤쪽 하단 부분을 속도감 있게 눌러친다

앞의 세 가지는 외부적인 조건이지만 스윙을 조절하여 백스핀을 더 창출해낼 수 있다. 즉, 다운스윙 궤도가 더 가파르게 이루어져서 임팩트 순간에는 클럽이 볼의 뒤쪽 하단 부분을 강하게 찍어 누르듯이 쳐야 한다. 이때 클럽헤드가 볼을 치기 전에 지면을 스치면 안 되고 볼을 먼저 친 다음에 디봇이 깊이 생기도록 하면 성공적인 백스핀 샷이 될 것이다.

테이블 위에 있는 탁구공을 상상해보라. 손바닥을 세워서 탁구공 뒷부분을 누르듯이 내려치면 탁구공이 앞으로 전진하다가 뒤로 다시 진행하게 된다. 이때 손을 90도 가까이 가파르게 내려칠수록 더 많은 스핀이 걸리는 것을 알 수 있다.

김해천의 라이브 어드바이스 — 웨지를 장난감처럼 가지고 놀아라

골퍼들에게는 자신이 좋아하는 특정한 클럽이 있기 마련이다. 그리고 그 클럽을 잡으면 왠지 자신감이 생기고 좋은 결과를 가져올 수 있으리라는 기대감이 생긴다. 이렇게 자신이 남들보다 더 잘 다룰 수 있는 클럽을 한 개라도 더 가지고 있다면 스코어를 줄이는 데 도움이 된다. 앞에서도 언급한 바 있지만 주말골퍼들이 가장 잘 칠 수 있는 클럽은 숏 아이언이다. 롱 아이언은 프로들처럼 치기가 어렵지만 숏 아이언은 연습 여하에 따라서 얼마든지 프로 이상으로 잘 칠 수도 있다.

지금은 작고했지만 유럽 골프의 최고 스타였던 세베 바예스테로스(Seve Ballesteros)나 미국 PGA투어에서 활약 중인 필 미켈슨(Phil Mickelson)을 보면 숏게임이 정교하다 못해 화려한 것을 볼 수 있다. 그들이 로브웨지를 칠 때는 스스로 확신에 차며, 짧은 거리임에도 볼을 띄워서 정교하게 핀에 붙이는 광경을 볼 때는 감탄스럽기까지 하다. 그들이 그렇게 할 수 있는 것은 평소에 로브웨지 연습을 즐기는 것은 물론이며 로브웨지를 장난감처럼 가지고 놀았기 때문이다.

우리도 자신이 가장 좋아하는 웨지를 선택해서 그 클럽에 각별한 관심을 가져보자. 늘 곁에 두고 생활하며 애완동물처럼 여길 정도로 즐겨 연습한다면 웨지 샷이 자신의 장기가 될 수 있으며 이것은 스코어를 낮추는 데 결정적인 역할을 할 것이다.

WEDGE SHOT

③ 웨지 미스 샷을 잡아라

높이 뜨기만 하고 거리가 짧은 경우

CASE 01

교정 어드레스 때 볼을 더 오른쪽에 놓는다.

CASE 02

교정 백스윙 때 코킹을 많이 하고 다운스윙 때에도 코킹을 유지하며 임팩트까지 손이 헤드보다 앞서서 치도록 한다.

볼이 뜨지 않고 그린 착지 후 런이 많은 경우

CASE 01

교정 로프트가 한 단계 큰 클럽(짧은 클럽)을 잡고 강하게 스윙한다.

WEDGE SHOT

CASE 02

교정 백스윙의 크기를 줄이고 다운스윙의 속도를 증가시킨다.

CASE 03

교정 볼을 치고 나서 앞땅을 치듯이 다운 블로우로 가격한다.

생크가 발생하는 경우

CASE 01

| 교정 | 그립을 손가락으로 잡고 손목에 힘을 뺀다. |

CASE 02

| 원인 | 어드레스와 임팩트 때 체중이 앞으로 쏠리지 않게 한다. |

웨지 미스 샷을 잡아라

WEDGE SHOT

CASE 03

교정 임팩트 때 손과 몸과의 간격이 가까워야 한다.

CASE 04

교정 아웃 투 인에서 인 투 인 궤도로 바꿔준다.

DRILL > 생크를 완벽하게 교정하기 위한 연습

볼 2개를 위아래로 볼 1개 간격으로 놓고 셋업은 바깥쪽 볼에 대해 하되 실제로 칠 때는 안쪽 볼을 치는 방법이다. 과장된 연습방법이므로 생크 탈출에 특효약이 될 것이다.

① 볼 2개를 놓고 바깥쪽 볼에 셋업을 한다.   ② 실제로 볼을 칠 때는 안쪽 볼을 친다.

PART 7

SHORT GAME
그린 주변 숏게임

주말골퍼 거의 대부분은 한 라운드 당 10번 이상 그린 주변에서의 숏게임, 즉 칩 샷이나 피치 샷, 벙커 샷을 하게 된다. 그러므로 스코어를 가장 많이 줄일 수 있는 부분도 바로 그린 주변에서의 플레이라는 점에 대해 큰 이견은 없을 것이다.

1 칩 샷과 피치 샷의 기본 개념

칩 샷과 피치 샷의 차이

그린 주위에서 홀을 공략하는 방법 두 가지, 즉 칩 샷과 피치 샷만 정복한다면 당신의 골프 실력은 눈부시게 발전할 것이다. 칩 샷은 그린 주위에서 낮게 쳐서 많이 굴러가게 하는 샷이고, 피치 샷은 볼을 띄워 쳐서 조금 구르게 하는 샷이다. 샷의 형태가 다른 만큼 셋업에서부터 샷을 하는 요령까지 다르므로 두 가지를 구분해서 숙지해야 한다. 두 가지 샷 중에 한 가지에만 능하다면 싱글골퍼가 되기를 포기한 것이나 마찬가지이다.

칩 샷과 피치 샷

		칩 샷(칩핑)	피치 샷(피칭)
차이	상황	보통 그린으로부터 30m 이내 지역에서 장애물이 없고 잔디 상태가 양호할 때 구사한다.	그린으로부터 30m 이상일 때는 피치 샷을 하고, 30m 이내 지역에서 그린 사이에 언덕, 러프, 물 등 장애물이 있으면 구사한다.
셋업	정의	공중거리(캐리)보다 구르는 거리(런)가 더 긴 샷	구르는 거리보다 공중거리가 더 긴 샷
	그립	뉴트럴 그립으로 짧게 잡는다.	뉴트럴 그립으로 짧게 잡는다.
	볼 위치	오른발 쪽	스탠스 중간(높은 탄도), 오른쪽(낮은 탄도)
	헤드 로프트	세운다.	눕힌다(오픈시킨다.).
	체중	왼발:오른발=7:3	왼발:오른발=6:4
스윙	코킹	억제한다.	유연하게 이용한다.
	임팩트	손이 헤드보다 앞서야 한다.	다운 블로우로 친다.
	임팩트 후	손이 계속 헤드보다 앞서도록 한다.	릴리스를 억제하고 클럽페이스가 위를 향하도록 한다.

칩 샷 상황

피치 샷 상황

칩 샷과 피치 샷의 기본 개념

칩 샷 셋업과 스윙 요령

▶ 칩 샷 셋업

POINT 01
뉴트럴 그립으로 약간 짧게 잡는다.

POINT 02
볼의 위치는 오른발 쪽에 놓고 클럽 로프트를 더 세운다.

POINT 03
손이 볼보다 앞에 있도록 한다.

POINT 04
체중은 왼발에 70% 정도 싣는다.

피치 샷 셋업과 스윙 요령

피치 샷 셋업

POINT 01
뉴트럴 그립으로 짧게 잡는다(칩 샷과 동일).

POINT 02
볼의 위치는 예상 탄도에 따라 높게 띄울 경우에는 중간에, 약간 띄울 경우에는 오른쪽에 둔다.

POINT 03
체중은 왼발에 60% 정도 싣는다.

피치 샷 스윙 요령

POINT 01
백스윙 때 손목코킹을 유연하게 한다.

POINT 02
손목 릴리스를 억제하고 클럽페이스가 하늘을 향하도록 팔로스루를 한다.

칩 샷과 피치 샷의 기본 개념

숏게임은 리듬감으로 하라

골프스윙에서 리듬의 정의는 '일정하게 반복할 수 있는 조화로운 동작'이라고 표현할 수 있다. 특히 리듬은 숏게임에서 작은 스윙을 할 때 일관성 있는 동작을 할 수 있도록 만든다.

리듬감이 없는 골퍼는 똑같은 거리와 똑같은 상황에서도 매번 다른 결과를 나타내지만 리듬감이 좋은 골퍼는 결과가 거의 일정하다. 결론적으로 리듬감이 없는 골퍼는 스윙동작을 할 때마다 매번 감각과 느낌이 다르기 때문에 일관성 있는 결과를 이끌어내지 못한다.

"하나"

"에델~"

이러한 만성적인 오류를 치유하기 위해서는 숏게임 연습을 할 때마다 일정한 비트를 연상하여 흥얼거리며 익혀나가야 한다. 예를 들어 피치 샷을 할 때 백스윙 때는 '하나', 다운스윙 때는 '둘' 하고 숫자를 붙여 머릿속에서 '하나~ 둘~' 하고 박자를 세면서 스윙과 박자를 맞추는 것이 습관화 될 때까지 연습되어야 한다. 숫자 대신 '원~ 투~' 또는 '에델~바이스~' 등의 음을 따서 연습해도 좋다.

SHORT GAME

② 숏게임 공략법

그린 주변에서 살펴야 할 사항

    그린 주변에서 성공적인 샷을 하려면 먼저 결정해야 할 사항들이 있다. 다음에 설명하는 2가지만 체크해도 성공 확률은 크게 높아진다.

    첫째, 볼이 놓인 상태(라이)와 주변 장애물 파악이다. 이 상태에 따라서 볼을 굴릴 것인지 띄울 것인지를 결정한다. 볼에서 핀까지의 사이에 특별한 장애물이 없고 잔디 상태도 양호하다면 볼을 낮게 굴려 치는 칩 샷이 가장 유리하다. 낮게 치는 칩 샷은 스윙 메커니즘이 가장 단순하기 때문에 방향과 거리를 정확하게 칠 수 있기 때문이다. 하지만 볼과 핀 사이에 장애물이 있다면 넘겨야 하기 때문에 볼을 띄워서 치는 피치 샷을 해야 한다.

볼에서 핀까지 장애물이 없는 상황(칩 샷)　　　　볼에서 핀까지 장애물이 많은 상황(피치 샷)

둘째, 샷을 하기 위한 적절한 클럽 선택이다. 어떤 샷을 할지를 결정하면 그 샷을 최대한 성공적으로 하기 위한 클럽 선택이 필수적이다. 그린 주변의 어프로치 샷이라고 해서 무조건 어프로치 웨지(AW)나 샌드웨지(SW)만 고집할 필요는 없다. 숏게임을 더 정교하게 하기 위해서는 다양한 클럽을 활용할 필요가 있다. 그린 주위에서 낮게 쳐서 많이 굴리고자 할 때는 로프트가 더 작은 피칭웨지를 사용하고, 반대로 볼을 띄워야 할 상황이라면 로프트가 더 큰 60도 웨지를 선택하는 것이 현명한 방법이다.

만약 그린 주변에서 어떤 샷을 구사할 것인지 확고한 결정을 내리지 않고 대충 샷을 한다면 이미 성공 확률은 낮다고 봐야 한다.

볼을 굴릴 경우에는 로프트가 작은 클럽을, 띄울 경우에는 로프트가 큰 클럽을 사용한다.

굴릴 수 없을 때만 띄워라

그린 주위에서 숏게임의 우선순위는 퍼팅〉칩핑〉피칭이다. 즉, 굴릴 수 있는 상황에서는 최대한 굴리고 어쩔 수 없는 상황에서만 띄우라는 것이다. 그 이유는 몸과 팔과 클럽을 단순하게 움직일수록 반복하기 쉽고 성공 확률이 높기 때문이다. 예를 들어 그린 프린지 앞에서 20m 정도의 거리에 있는 깃대를 공략할 때 퍼팅을 하는 것이 피칭을 하는 것보다 더 유리하다는 것이다. 퍼팅은 어깨와 팔만 움직이면 되지만 피칭은 어깨와 팔뿐만 아니라 몸의 회전과 손목코킹까지 해야 하기 때문에 어떤 샷이 더 쉬운지는 설명할 필요가 없을 것 같다.

여기서 굴릴 수 없는 경우란 거리가 30m 이상 되어 볼이 굴러가는 데 변수가 많이 작용할 때, 그린 앞에 러프나 언덕이 놓여 있어 볼이 굴러가는 방향이 방해를 받을 때, 벙커나 물 또는 나무가 앞에 있을 때, 핀이 그린 맨 앞쪽에 있을 때 등이다.

1순위: 퍼팅

2순위: 칩핑

3순위: 피칭

숏게임 공략법 199

볼을 띄우려면 올려치지 말고 내려쳐라

보통 그린 주위에서 임팩트가 완벽하게 이루어지면 볼이 그린 위에 착지한 다음 적당한 스핀 양에 의해 많이 구르지 않고 바로 멈춘다. 때로는 백스핀이 많이 걸려서 볼이 그린에 떨어진 뒤 거꾸로 진행하는 경우도 있다. 이러한 샷을 하기 위해서는 볼의 탄도를 적당히 높여서 쳐야 한다.

주말골퍼들은 볼을 띄우기 위해서 자꾸 올려치는 동작을 많이 한다. 하지만 볼을 띄우는 메커니즘 중에서 가장 중요한 요소는 클럽의 로프트이지 몸동작이 아니다. 즉, 클럽의 모양대로 클럽을 믿고 다운 블로우로 내려쳐야 한다는 것이다. 이렇게 보정동작 없이 내려쳐야 볼도 잘 뜨고 백스핀도 잘 걸리게 되어 있다.

만약 몸을 사용하여 볼을 띄울 경우 뒤땅과 탑볼이 많이 일어나고 볼이 그린에 착지해도 많이 구르게 되어 원하는 목적을 달성하기 힘들다.

POINT 01 임팩트 때 볼을 퍼 올리지 말고 다운 블로우로 내려쳐야 한다.

POINT 02 임팩트 순간에 머리가 너무 뒤에 있고 체중도 오른발에 남으면 볼을 퍼 올리게 되므로 체중이동과 함께 자연스럽게 회전한다.

칩 샷과 피치 샷 거리 조절 요령

칩 샷을 잘 하기 위해서는 볼이 떨어진 지점에서 얼마나 굴러갈지 예측을 잘 해야 한다. 개인마다 스윙의 형태가 조금씩 다르기 때문에 같은 클럽으로 같은 지점에 착지시켜도 거리가 다를 수 있다. 그러므로 자신만의 거리 비율을 알아야 한다.

거리를 맞추는 방법 중에 '12의 법칙'이 있다. 12에서 자신이 사용하는 클럽의 번호를 뺀 숫자가 런의 비율이 되는 것이다. 예를 들어 9번 아이언으로 칩 샷을 한다면 12-9=3, 즉 캐리:런의 비율은 1:3이 된다. 마찬가지로 피칭웨지는 10번, 샌드웨지는 11번으로 계산하면 된다. 피칭웨지는 12-10=2이므로 캐리:런이 1:2가 되고, 샌드웨지는 12-11=1이므로 캐리:런이 1:1이 된다.

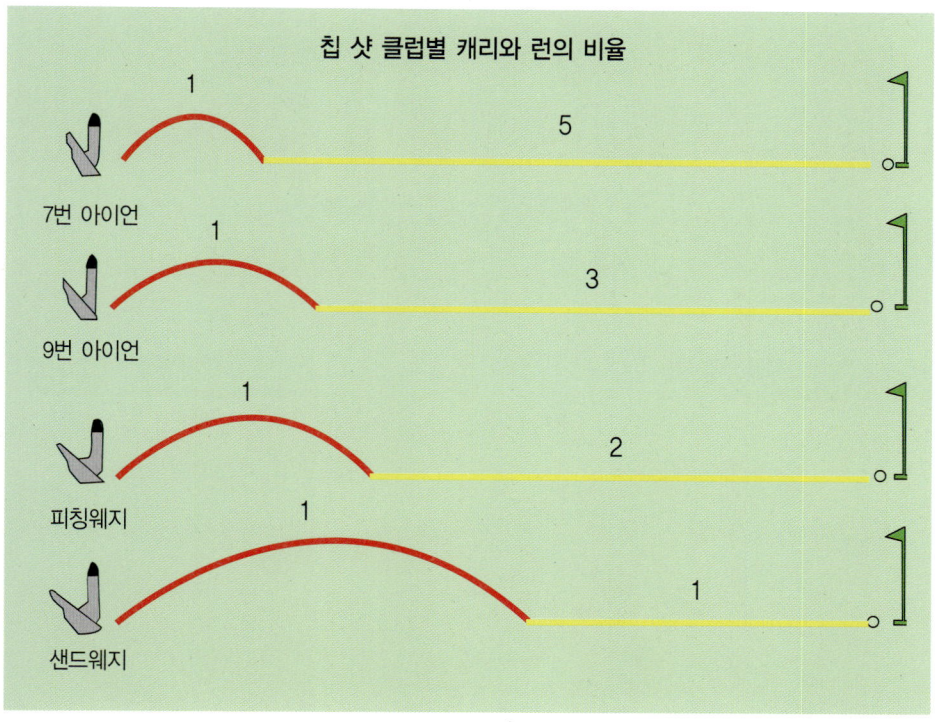

그러나 이 수치가 자신과 맞다면 유용하지만 골퍼마다 샷의 스타일이 다르기 때문에 결과가 다를 수도 있다. 그러므로 각 클럽에 대한 자신만의 캐리:런의 비율을 확실히 인지하는 것만이 거리 조절의 실패를 줄일 수 있다.

SHORT GAME

피치 샷 거리 조절 요령 피치 샷의 거리 조절은 앞서 언급한 100m 이내 거리 조절 요령처럼 손의 높이를 기준으로 샷의 크기를 정한 뒤 50m를 10m 단위로 5등분한다. 남성은 56도나 60도 웨지를, 여성은 샌드웨지나 어프로치 웨지가 좋다.

10m: 허벅지에서 엉덩이까지

30m: 벨트에서 허리까지

40m: 허리에서 어깨까지

20m: 엉덩이에서 벨트까지

50m: 어깨에서 머리까지

솟아있는 그린 공략법

솟아있는 그린(Elevated Green)은 대부분 볼을 띄워서 핀을 공략한다. 그런데 에지에서 핀까지 그린의 여유 공간이 어느 정도 있을 때나 가능하지 만일 홀이 그린 앞쪽에 있다면 매우 난감해진다. 이럴 때는 범프 앤드 런 샷(Bump and Run Shot)으로 위기를 극복해보자.

범프 앤드 런 샷이란 볼을 그린에 직접 올리지 않고 볼을 그린 앞 잔디에 한번 맞혀서 볼의 속도를 줄이고 그린 위에 올라가도록 하는 기술적인 샷이다. 그린 앞 잔디에 한번 충돌된 볼은 쿠션 작용으로 인해 속도가 많이 떨어지게 되고 그린 위에서 구르더라도 짧게 구르게 된다.

솟아있는 그린에서는 언덕의 기울기를 잘 살펴서 클럽을 선택해야 한다. 기울기가 가파를수록 긴 클럽(7~9번 아이언)을 잡고 완만하면 짧은 클럽(피칭웨지, 샌드웨지 등)을 잡는 개념으로 응용해야 한다. 샷을 하는 요령은 일반적인 칩 샷과 같다.

POINT01
볼을 그린 앞 잔디에 맞혀서 속도를 줄이고 볼이 그린에 올라타도록 한다.

우드로 하는 칩 샷

그린 가까운 지점의 러프에 볼이 있을 경우에는 우드로 칩 샷을 구사해볼 수 있다. 잔디가 짧은 경우라면 퍼팅이 좋겠지만 러프인 경우에는 잔디의 저항 때문에 퍼터로 볼을 굴리는 것이 무의미하다. 그렇다고 섣불리 웨지를 사용해도 잔디의 저항을 이겨내는 수준 높은 샷(로브 샷 또는 플롭 샷)을 해야 하기 때문에 파세이브를 보장받기도 힘들다.

이런 경우에는 우드 칩 샷이 효율적이다. 그 이유는 우드의 헤드가 둥글고 바닥이 넓기 때문에 잔디를 잘 쓸고 지나갈 수 있기 때문이다. 깊은 러프에서는 로프트가 더 큰 5번 우드나 하이브리드 클럽을 사용하고 얕은 러프에서는 3번 우드를 사용하는 것이 좋다.

우드 칩 샷을 할 때 주의해야 할 점은 손목을 쓰면 볼이 의외로 많이 굴러가기 때문에 가급적 양팔과 어깨만 사용하는 것이 좋다. 퍼팅처럼 하면 되지만 임팩트 때 손이 볼보다 조금 앞서 나가도록 해주는 자세가 필요하다.

깊은 러프에서는 잔디의 저항이 있으므로 로프트가 더 큰 5번 우드나 하이브리드를 사용한다.

얕은 러프에서는 잔디의 저항이 적으므로 로프트가 작은 3번 우드를 사용한다.

SHORT GAME

우드 칩 샷 셋업

POINT 01
그립을 짧게 내려 잡고 퍼팅 그립을 취한다.

POINT 02
볼 위치는 중간이나 왼쪽에 둔다.

POINT 03
체중은 왼발 쪽에 더 싣는다.

우드 칩 샷 스윙 요령

01 백스윙은 손목 사용을 억제한다.

02 퍼팅하듯 스윙하며 손이 클럽헤드보다 조금 앞서도록 한다.

03 손목 사용을 억제하며 릴리스한다.

T.I.P. POINT

 깊은 러프에서의 우드 칩 샷 셋업 요령

POINT 01 칩 샷과 같은 어드레스 자세를 취한다.

POINT 02 볼 위치는 오른발 쪽에 둔다.

POINT 03 체중은 왼발 쪽에 더 싣는다.

③ 응용편: 로브 샷과 플롭 샷 구사 요령

짧은 거리는 띄워 치는 샷이 가장 어렵다

  짧은 거리를 띄워서 치는 샷은 투어 프로들에게도 부담스럽다. 비록 트러블 샷은 아니더라도 실수를 하거나 파세이브를 놓치는 경우가 많이 나오기 때문에 고도의 집중력이 요구된다.
  벙커나 장애물을 넘겨야 하는 상황이라면 볼을 띄워야 하는데 핀까지의 거리가 가까울수록 더 어려운 샷이 된다. 또한 볼이 그린 주변 러프에 들어갔을 때 거리상으로는 간단하게 칩핑으로 해결해야 하겠지만 볼이 러프에 잠겨있을 때는 불가능하다. 가끔 러프 잔디가 뻣뻣해서 볼이 잔디 위에 떠있는 경우도 있는데 대부분의 경우 핀과의 거리에 관계없이 볼을 띄울 수밖에 없다. 이때 투어 프로들이 주로 사용하는 테크닉이 로브 샷(Lob Shot)이나 플롭 샷(Flop Shot)이다.

플롭 샷과 로브 샷

차이		로브 샷	플롭 샷
차이	상황	페어웨이 같은 양호한 라이	러프 같은 열악한 라이
셋업	그립	뉴트럴 그립으로 짧게 내려잡는다.	뉴트럴 그립으로 짧게 내려잡는다.
	볼 위치	스탠스 중간이나 약간 왼쪽에 둔다.	스탠스 중간보다 약간 오른쪽에 둔다.
	체중	양발에 균일하게 또는 왼발에 더 많이 둔다.	왼발에 더 많이 둔다.
	클럽페이스	적당히 오픈시킨다.	많이 오픈시킨다.
스윙	백스윙	손목을 부드럽게 사용한다.	손목을 많이 사용한다.
	다운스윙	약간 아웃 투 인	가파르게
	스윙 형태	U자형	V자형
	주요 개념	팔을 길고 느리게 움직이며 몸과 팔이 같은 비율로 회전하여 풀스윙을 천천히 하는 느낌이다.	스윙의 폭을 좁게 하여 몸의 회전보다 팔과 손목을 이용하여 클럽헤드가 볼 밑으로 지나가게 한다.

로브 샷 상황

플롭 샷 상황

로브 샷 셋업과 스윙 요령

로브 샷이란 '가까운 거리에서 볼의 탄도를 높이 띄워 쳐서 착지 후 조금만 굴러가게 하는 샷'이다. 피치 샷의 일종이지만 좋은 라이가 보장되어야 하며 더 가까운 거리에서 더 높이 부드럽게 띄우는 샷이다.

로브 샷 셋업

POINT 01
뉴트럴 그립으로 내려 잡는다.

POINT 02
볼은 스탠스 중간이나 왼쪽에 둔다.

POINT 03
체중은 양발에 균일하게 두거나 왼발에 약간 더 둔다.

POINT 04
클럽페이스는 오픈시킨다.

로브 샷 스윙 요령

POINT 01
백스윙 시 손목을 부드럽게 사용한다.

POINT 02
스윙 형태를 U자 모양으로 한다.

POINT 03
다운스윙 궤도는 아웃 투 인 궤도이다.

POINT 04
팔을 길고 느리게 움직이며 몸과 팔이 같은 비율로 회전할 수 있도록 풀스윙을 천천히 하는 느낌으로 한다.

아웃 투 인
타깃라인

응용편: 로브 샷과 플롭 샷 구사 요령

SHORT GAME

플롭 샷 셋업과 스윙 요령

플롭 샷은 '백스윙 때 클럽을 가파르게 들어 올리고 다운스윙은 가파르지만 느리게 하여 클럽헤드가 볼 아래로 미끄러져 지나가도록 손목을 느슨하게 하고 치는 피치 샷' 이다. 즉, 가파르게 스윙하고 손목을 쓰는 샷이다. 이 샷은 볼이 주로 러프에 있을 때 사용하며 로브 샷에 비해서 볼이 공중으로 더 가파르게 떠오르고 거리는 더 짧아지는 샷이다.

▶ 플롭 샷 셋업

POINT 01 뉴트럴 그립으로 내려 잡는다.

POINT 02 볼 위치는 스탠스 중간 보다 오른쪽에 둔다.

POINT 03 체중은 왼발 쪽에 더 둔다.

POINT 04 클럽페이스는 많이 오픈시킨다.

플롭 샷 스윙 요령

POINT 01
백스윙 시 코킹을 많이 한다.

POINT 02
스윙 형태를 V자 모양으로 한다.

POINT 03
다운스윙을 가파르게 한다.

POINT 04
스윙의 폭을 좁게 하여 몸의 회전보다는 팔과 손목을 이용해서 클럽헤드가 볼 밑으로 미끄러져 지나가도록 한다.

응용편: 로브 샷과 플롭 샷 구사 요령

SHORT GAME

④ 숏게임 미스 샷을 잡아라

칩 샷이 잘 구르지 않고 빨리 멈출 경우

CASE 01

교정 볼의 위치를 오른발 쪽으로 옮긴다.

CASE 02

교정 임팩트 때 손이 반드시 볼보다 앞서 나가야 한다(로프트를 줄인다.).

CASE 03

교정 체중을 좀 더 왼발 위에 두고 샷을 한다.

숏게임 미스 샷을 잡아라

피치 샷이 뜨지 않을 경우

CASE 01

| 교정 | 볼을 띄우기 위해서는 로프트가 충분히 큰 클럽을 사용한다. |

CASE 02

| 교정 | 볼의 위치를 중간으로 옮긴다. |

CASE 03

교정 임팩트 때 손이 볼 위쪽에 있도록 하고 클럽페이스를 열어준다.

SHORT GAME

피치 샷 뒤땅이 자주 발생할 경우

CASE 01

교정 | 스윙 중 오른쪽 어깨 높이를 동일하게 유지한다.

CASE 02

교정 | 앞땅을 치는 개념으로 손목코킹을 유지한다.

CASE 03

교정 체중을 왼발에 더 실은 상태로 볼을 친다.

숏게임 미스 샷을 잡아라

SHORT GAME

피치 샷 탑핑이 자주 발생할 경우
CASE 01

교정 어드레스 때의 척추각도를 유지한다.

CASE 02

교정 임팩트 때 왼손목을 평평하게 유지한다.

숏게임 미스 샷을 잡아라 221

PART 8

BUNKER SHOT
벙커 샷

프로와 아마추어의 차이 중에서 가장 큰 부분이 바로 벙커 샷이다. 주말골퍼들은 연습도 없이 필드 경험을 통해 주위 동료들로부터 배운 애매한 방법을 나름대로 사용하기 때문이다. 따라서 이제부터 벙커 샷을 하는 방법을 정확히 이해하고 연습한다면 투어프로들처럼 환상적이고 정교한 플레이를 펼칠 수 있다.

① 벙커 샷의 기본 개념

샌드웨지의 비밀을 이해하면 벙커 샷이 쉬워진다

　벙커에서 사용하는 샌드웨지의 디자인은 일반 클럽과는 다르다. 샌드웨지는 클럽 중에 헤드가 가장 무겁고, 헤드의 가장자리는 둥글게 되어 있으며, 클럽의 바닥 부분이 넓은 것이 특징이다. 바닥 부분이 두툼하게 되어 있어 리딩에지보다 클럽헤드 바닥의 맨 아랫부분, 즉 트레일링 에지(Trailing Edge)가 더 낮게 설계되어 있다. 따라서 어드레스 자세로 클럽을 평면에 놓으면 일반 클럽들은 리딩에지가 바닥에 닿지만 샌드웨지는 트레일링 에지 부분이 바닥에 닿고 리딩에지는 뜨게 된다. 그러므로 클럽페이스를 오픈시킬수록 리딩에지는 더 뜨게 된다.

　이점이 샌드웨지의 비밀이다. 비행기가 떠오르기 위해서는 동체의 앞부분보다 꼬리부분이 더 낮아져야 한다. 마찬가지로 클럽이 모래에 박히지 않고 위로 빠져나가기 위해서는 리딩에지(비행기 동체의 앞부분)가 들리고 트레일링 에지(비행기의 꼬리 부분)가 더 낮아져 모래를 치고 튕겨져 나아가게 되는 것이다.

대부분의 주말골퍼들이 벙커 샷을 두려워하는 이유는 이점을 인지하지 못하기 때문이다. 그 결과 벙커 샷을 할 때 일반 아이언과 같이 리딩에지를 모래에 박아버리는 샷을 구사하므로 미스 샷이 발생하는 것이다. 이 사실을 아는 골퍼와 모르는 골퍼와의 차이는 구구단을 외우고 수학문제를 푸는 사람과 그렇지 않은 사람과의 차이일 정도로 크다.

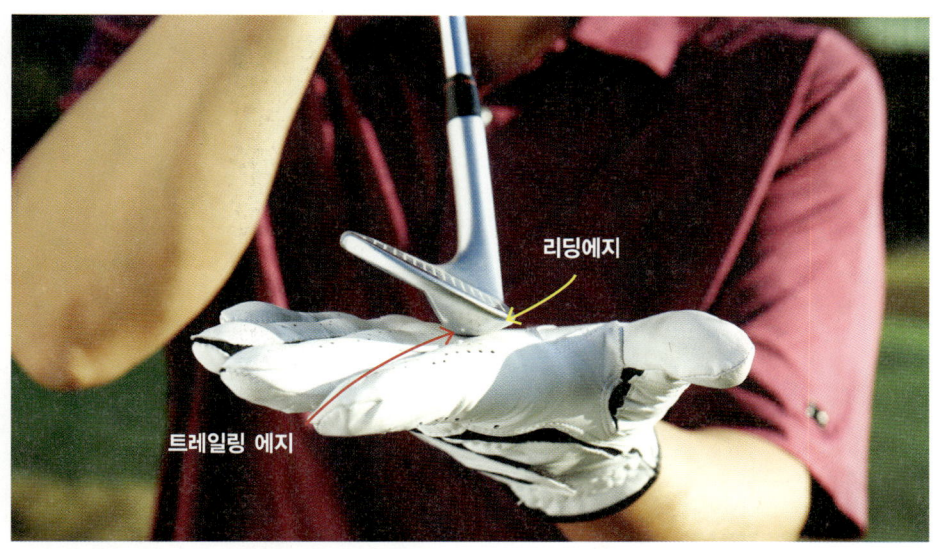

모래를 치는 부분이 바로 이 트레일링 에지이다.

벙커 샷 스윙 요령

백스윙은 몸의 회전보다는 팔과 손목코킹을 이용하여 가파르게 한다.

임팩트 때 클럽헤드가 손보다 먼저 나가게 한다.

임팩트 후 릴리스를 억제한다.

다운스윙 궤도는 토우 라인을 따라간다.

체중이동을 많이 하지 않고 상체 위주의 스윙을 한다.

BUNKER SHOT

2. 벙커 샷을 잘하기 위한 요령

벙커 샷의 달인이 되는 연습 방법

DRILL 01 > 선 긋고 연습하기

벙커의 모래를 평평하게 다진 다음 선을 길게 긋고 그 선을 정확하게 치는 연습이다. 이것은 벙커 샷에서 가장 중요한 부분으로 클럽이 정확한 지점의 모래를 쳐낼 수 있어야 한다. 만일 선의 앞이나 뒤를 치게 되면 벙커 샷에서는 어김없이 미스 샷이 나오게 되므로 반드시 정확하게 선을 쳐야 한다. 정확하게 치기 위한 비결은 코킹을 이용한 가파른 스윙에 있다.

POINT 01
클럽 토우 부분으로 선을 긋는다.

POINT 02
선을 정확히 쳐내며 스윙한다.

DRILL 02 > 나무판 이용하기

벙커 모래에 나무판을 묻고 모래를 약 2~3cm 두께로 덮은 다음 그 위에 볼을 놓고 벙커 샷을 하는 연습 방법이다. 이 연습을 통해 클럽이 모래를 너무 깊숙이 파는 것을 방지하며 클럽의 바닥(바운스)을 이용해서 모래를 치는 감각을 익힐 수 있다. 실제로 스윙을 해보면 나무판을 깔아놓았기 때문에 클럽이 튕겨나가는 느낌을 알 수 있다. 클럽페이스를 오픈시킬수록 효과가 크므로 이 점을 고려해서 하기 바란다.

POINT 01
나무판을 모래에 묻고 그 위에 모래를 덮은 다음 볼을 올려놓는다.

POINT 02
샌드웨지의 바닥(바운스)으로 나무판을 치면서 스윙한다.

DRILL 03 > 지폐 이용하기

벙커 모래 위에 천 원짜리 지폐를 펴놓은 다음 그 지폐 한가운데에 볼을 올려놓고 지폐를 같이 쳐내는 연습 방법이다. 이 연습을 통해 모래를 얼마만큼 퍼내야 하는지 기준을 알게 된다. 모래를 천 원짜리 지폐만큼만 떠내면 가장 좋은 샷이라 할 수 있다. 이 샷을 연습할 때 지폐와 볼이 함께 날아가도록 해야 하며 지폐에 손상이 갈 수 있으므로 지폐 크기의 종이를 준비해서 이용하는 것이 바람직하다.

POINT 02
지폐와 함께 볼을 쳐낸다.

POINT 01
모래 위에 선을 긋고 선 가운데에 지폐나 종이를 놓은 다음 볼을 올려놓는다.

BUNKER SHOT

온 그린이 목적이 아니다. 핀에 붙여라

벙커 샷에 대한 격언 중 'Get it out, Get it close, Get it in'이란 말이 있다. '처음에는 그린에 올리는 것을 목표로 하고, 그 다음에는 핀에 가깝게 붙이는 것을 목표로 하고, 그 다음에는 홀에 직접 넣는 것을 목표로 하라'라는 뜻이다.

현대 골프의 벙커 샷 테크닉은 과거와는 좀 달라졌다. 과거에는 벙커 샷을 할 때 모래를 폭발시키듯이 많이 퍼내는 익스플로전 샷(Explosion Shot)이 대세였으나 모래를 많이 퍼내는 만큼 저항력도 강해져서 정교하게 치기가 어렵다. 그러나 요즘에는 샷을 할 때 클럽페이스를 더 오픈시키고 클럽헤드를 볼에 더 가깝고 얇게 쳐서 모래의 양을 더 적게 떠내는 스플래시 샷(Splash Shot)을 많이 하는 추세이다. 이 벙커 샷은 거리 컨트롤이 쉽기 때문에 충분히 연습한다면 핀에 더 정교하게 붙일 수 있다.

익스플로전 샷

스플래시 샷

익스플로전 샷 셋업

스플래시 샷 셋업

익스플로전 샷과 스플래시 샷

	익스플로전 샷	스플래시 샷
클럽페이스	오픈시킨다.	더 오픈시킨다.
볼 위치	스탠스 중앙보다 오른쪽	스탠스 중앙
체중분배	왼발이나 양발 균일	왼발
스윙 플레인	가파르게	코킹을 이용해서 더욱 가파르게
히팅 지점 및 모래 양	볼 뒤 먼 지점(8~10cm 정도), 많은 양의 모래를 퍼낸다.	볼 뒤 가까운 지점(5~8cm 정도), 적은 양의 모래를 퍼낸다.
스윙 개념	강한 스윙으로 모래를 퍼내는 개념	부드러운 스윙으로 모래를 때리는 개념
장단점	벙커 탈출 확률은 높으나 정확성이 부족하다.	정확성은 좋으나 볼을 직접 가격할 가능성이 있다.

트러블 샷 중에서 가장 쉬운 그린 주변 벙커 샷

그린 주변의 벙커는 대개 그린으로부터 20m 이내에 있다. 따라서 거리상으로 보면 모래 안에서 정교한 피치 샷을 하는 것과 다름없다. 그렇지만 벙커 샷은 뒤땅을 쳐도 아무 문제가 없기 때문에 피치 샷보다 더 쉬울 수 있다. 이 상황에서 볼을 핀에 가까이 붙이는 데 꼭 필요한 조건 2가지가 있다. 첫째는 볼보다 5~8cm 뒤의 모래를 치는 것과, 둘째는 클럽의 리딩에지로 모래를 파지 않고 바닥 부분(솔)으로 모래를 쳐서

POINT 01
볼 뒤의 5~8cm 지점을 친다.

POINT 02
샌드웨지의 솔 부분으로 모래를 쳐서 튕겨 나가게 한다.

튕겨나가게 하는 것이다. 이 2가지만 정확하게 숙지하고 있으면 그린 주변 벙커 샷은 생각보다 쉬워질 것이다.

그린 주변 벙커 샷 스윙 요령

01 홀을 향해 스탠스와 클럽페이스를 오픈시키고 어드레스를 취한다.

02 코킹을 이용하여 백스윙을 가파르게 한다.

03 다운스윙은 토우라인과 평행하게 살짝 아웃 투 인 궤도로 내려온다.

04 인사이드로 팔로스루를 한다.

③ 상황별 벙커 샷 공략법

가는 모래, 굵은 모래

모래의 입자 크기가 다를 경우에는 클럽에 대한 모래의 저항이 달라지므로 벙커 샷을 하는 방법도 조정해야 한다. 일반 골퍼들에게 정교한 벙커 샷을 만들어내기가 어려운 이유도 이러한 조정 없이 모든 상황에서 한 가지 방법으로만 하기 때문이다. 따라서 상황에 따라 샷의 조정을 비교해 본다면 더 좋은 벙커 샷을 할 수 있을 것이다.

T.I.P. POINT

가는 모래에서 칠 때 가끔 클럽이 볼 아래로 너무 부드럽게 지나가서 볼은 뜨지만 앞으로 전진을 못해 벙커 탈출에 실패하는 경우가 있다. 이때는 클럽페이스를 많이 오픈시키지 말고 스윙 스피드를 높여야 한다.

가는 모래 벙커 샷 스윙 요령

POINT 01 클럽페이스는 많이 오픈시키고 볼에서 더 먼 지점을 가격한다.

POINT 03 많은 양의 모래를 퍼내면서 얇고 넓은 디봇을 만든다.

POINT 02 손목을 유연하게 사용하여 부드러운 U자형 스윙을 한다.

BUNKER SHOT

굵은 모래 벙커 샷 스윙 요령

POINT 01 클럽페이스는 약간 오픈시키고 가는 모래보다는 볼에서 가까운 지점을 가격한다.

POINT 02 손목코킹을 사용하여 가파르고 강한 V자형 스윙을 한다.

POINT 03 비교적 적은 양의 모래를 퍼내면서 깊고 작은 디봇을 만든다.

부드러운 모래, 딱딱한 모래

부드러운 모래와 딱딱한 모래의 관계는 가는 모래와 굵은 모래의 관계와 비슷하므로 샷을 하는 방식도 흡사하다. 부드러운 모래에서 샷을 할 때는 가는 모래에서와 같은 방식으로 샷을 하면 되지만 흙이 많이 섞여서 바닥이 딱딱하거나 젖어있는 모래에서는 약간 다른 샷을 해야 한다.

부드러운 모래 벙커 샷과 딱딱한 모래 벙커 샷

	부드러운 모래	딱딱한 모래
어드레스	발을 모래에 비벼 넣고 손을 낮게 하여 자세를 낮춘다.	모래 위에 안정되게 서서 턱을 들고 자세를 높인다.
클럽페이스	많이 오픈시킨다.	약간 오픈 또는 스퀘어
타격 지점	볼에서 먼 지점(8~10cm)	볼에서 가까운 지점(5~8cm)
퍼내는 모래 양, 디봇	많은 양, 얇고 넓은 디봇	흙모래: 적은 양, 얇은 디봇 젖은 모래: 적은 양, 얇게 절편을 떠내듯
스윙 형태	손목을 유연하게 가파르게(U자형)	코킹을 이용해서 가파르게(V자형)
스윙 강도	부드럽게	흙모래: 약하게 젖은 모래: 비교적 강하게

T.I.P. POINT

딱딱한 모래에서 칠 때 가끔 벙커 탈출에 실패하는 경우가 있는데 그것은 볼에서 너무 먼 지점을 치거나 너무 깊게 치기 때문이다. 이럴 땐 모래의 저항이 심해서 헤드 속도가 급격히 떨어져 볼을 벙커 밖으로 밀어내지 못한다. 따라서 반드시 볼 가까운 지점을 쳐야 하며 모래를 너무 깊이 퍼내지 말아야 한다.

오르막 벙커

오르막인 경우에는 경사로 인해서 이미 클럽페이스가 오픈된 것과 마찬가지이고 벙커 샷을 하기가 비교적 쉽다. 오르막 벙커 샷은 볼이 적게 구르고 바로 멈춘다는 사실을 명심하자.

오르막 벙커 샷 스윙 요령

01 볼은 스탠스 중앙에 두고 어깨는 경사와 평행을 이루도록 한다. 클럽페이스는 약간 오픈시키거나 스퀘어로 한다.
02 백스윙은 비교적 가파르게 한다.
03 클럽헤드를 볼 밑으로 경사를 따라 진행시킨다.
04 완만한 경사일 경우에는 클럽이 볼 밑으로 잘 통과되도록 하고 피니시를 해준다.

T.I.P. POINT

급격한 오르막 경사에서의 피니시

급격한 오르막 경사일 경우에는 클럽헤드를 모래에 박고 피니시는 생략한다.

내리막 벙커

내리막에서의 벙커 샷은 볼을 띄우기가 어렵기 때문에 매우 신중하게 처리해야 한다. 내리막 벙커 샷은 볼이 낮게 많이 굴러간다는 사실을 기억하자.

내리막 벙커 샷 스윙 요령

01 볼은 스탠스 중앙보다 오른쪽에 두고 어깨는 경사와 평행을 이루도록 한다. 클럽페이스는 많이 오픈시킨다.
02 백스윙은 코킹을 이용해서 매우 가파르게 한다.
03 클럽헤드를 볼 밑으로 경사를 따라 낮고 길게 진행시킨다.
04 피니시는 낮게 해준다.

T.I.P. POINT

경사면에서는 흐르는 체중을 낮은 쪽 발로 잘 지탱해야 한다. 실수의 유형을 보면 오르막 경사에서는 볼이 뜨기만 하고 벙커를 탈출하지 못하는 경우가 생기는데, 이 경우에는 클럽페이스를 좀 더 스퀘어로 놓고 쳐야 한다. 반면에 내리막 경사에서는 탑핑이 빈번히 발생하는데, 치유책으로는 클럽헤드가 내리막 경사면을 낮고 길게 따라 내려가는 동작을 확실하게 해줘야 한다.

BUNKER SHOT

에그 프라이가 된 경우

이 경우에는 볼 주위의 함몰된 모래 때문에 클럽헤드가 모래 속으로 적당히 파고 들어가기가 수월하지 않아 볼을 띄우기가 어려워진다. 또한 에그 프라이에서 그린에 올라간 볼은 일반 벙커 샷보다 런이 훨씬 많으므로 이 점을 고려해야 한다. 그러므로 셋업과 치는 방법을 조정해서 샷을 해야 좋은 결과를 얻을 수 있다.

에그 프라이 셋업

POINT 01 양손의 위치를 높게 하여 토우가 힐보다 더 낮아지도록 한다.

POINT 02 모래에 발을 비벼 넣는다.

POINT 03 클럽페이스를 스퀘어로 놓거나 약간 닫는다.

에그 프라이 스윙 요령

01 백스윙 때 팔과 어깨에 힘을 주는 느낌으로 한다.

02 손목에 힘을 주고 강하고 가파르게 다운스윙을 해서 볼 주위 함몰된 모래 전체를 깊게 퍼낸다.

03

벙커 턱에 박힌 경우

이 경우에는 클럽페이스를 오픈시킬 필요가 없다. 왜냐하면 경사면에 따라서 셋업을 하면 경사 자체가 이미 클럽을 오픈시킨 결과가 되기 때문이다. 이러한 경사면에서는 낮은 쪽 발로 체중을 지탱하고 스윙을 강하게 하여 볼 밑 3cm 정도 지점을 치고 팔로스루를 하지 않아도 된다. 이때 클럽페이스를 오픈시키는 오류를 범하면 볼이 공중으로 솟구치기만 하고 앞으로 나가지 않는 미스 샷이 발생하므로 주의해야 한다.

벙커 턱 스윙 요령

POINT 01 낮은 쪽 발로 체중을 지탱한다.

POINT 02 오르막 쪽 무릎은 낮추고 스탠스를 오픈시킨다.

POINT 03 클럽페이스는 오픈시키지 않는다.

POINT 04 볼 뒤 3cm 정도 지점을 강하게 친다.

POINT 05 팔로스루는 생략한다.

T.I.P. POINT

완만한 벙커 턱이 아닌 수직경사면에 박힌 경우에는 벙커 탈출이 거의 불가능하다. 따라서 언플레이어블 볼(Unplayable Ball)을 선언하고 두 클럽 이내 벙커 안에 홀에 가깝지 않은 곳으로 드롭을 해서 평평한 라이에서 샷을 하면 된다(1벌타 부과). 하지만 실수를 하더라도 벌타를 받기가 싫다면 한 가지 주의사항이 있다. 바로 클럽페이스를 완벽하게 열어야 한다는 것이다. 만일 클럽페이스가 조금만 오픈된 채 샷을 하면 볼이 위로 솟구치지 못하고 벙커 수직 벽에 걸려 탈출에 실패하게 된다. 수직경사면의 경우 잘 치더라도 볼은 수직으로 떠오르며 앞으로는 조금밖에 전진하지 않으므로 벙커 탈출 자체에 의미를 두어야 한다.

BUNKER SHOT

④ 벙커 미스 샷을 잡아라

낮게 날아가 많이 구르는 경우

CASE 01

| 교정 | 위크 그립을 잡고 클럽페이스를 충분히 열어준다. 왼발에 체중을 60% 정도만 실어줘도 충분하다. |

CASE 02

| 교정 | 릴리스를 억제하여 볼을 친 후 클럽페이스가 하늘을 향하도록 해줘야 한다. |

거리가 짧은 경우

CASE 01

| 교정 | 벙커 샷의 거리는 피니시 높이로 조절할 수 있다. 샷이 짧다면 피니시를 더 높여서 샷의 거리를 맞춰준다. |

BUNKER SHOT

CASE 02

교정 백스윙 시 손목코킹을 이용하여 더 가파르게 스윙해서 볼에 좀 더 가깝게 친다.

CASE 03

교정 클럽페이스를 덜 열리게 조정하든지 스윙을 더 강하게 해서 거리를 확보해야 한다.

CASE 04

| 교정 | 모래를 향해 과감하게 클럽을 던져야만 거리가 짧아지는 문제를 극복할 수 있다. |

그린 반대편으로 날아가는 경우

CASE 01

| 교정 | ①볼을 띄우려고 손목을 많이 쓰는 것보다 임팩트 때 클럽헤드가 손보다 먼저 지나가게 해야 한다.
②모래바닥이 딱딱한 경우에는 클럽을 세워서 토우 부분으로 모래를 얇고 적게 떠낸다.
③볼 뒤 5~8cm 지점을 정확히 가격해야 한다.
④모래가 너무 부드러운 경우에는 일반 모래에서 치는 것보다 3cm 정도 더 뒤를 쳐서 클럽헤드가 볼에 직접 닿는 것을 방지해야 한다. |

벙커 미스 샷을 잡아라

PART 9

SHOT MAKING & TROUBLE SHOT
샷 메이킹 & 트러블 샷

주말골퍼들은 게임을 잘 풀어가다가도 트러블 상황에 처하면 한 홀에서 무너지는 경우가 많다. 그렇다면 트러블 상황에서 피해를 최소화하기 위한 방법은 무엇일까? 상황에 따라 구질의 변화를 줄 수 있는 샷 메이킹에 대한 준비가 되어 있어야만 위기에 대처할 수 있다.

SHOT MAKING

1 구질에 변화를 주는 샷 메이킹 요령

드로우 샷 구사 요령

　드로우는 훅의 일종으로 볼이 직선 또는 조금 오른쪽으로 날아가다가 왼쪽으로 살짝 휘어지는 구질이다. 아마 베이비 훅이라고 생각하면 개념상 더 쉽게 이해될 것이다.

　대체적으로 초보자들은 슬라이스가 많이 나기 때문에 드로우 구질을 부러워하는 경향이 있다. 드로우는 바람의 저항을 이기고 나아가는 스핀의 힘이 있으며 볼이 더 많이 구르기 때문에 비거리를 가장 많이 낼 수 있는 구질이기 때문이다. 또한 아웃 투 인 궤도로 볼을 깎아 쳐서 슬라이스나 페이드 구질이 되어 거리에 손실이 있는 골퍼들에게는 구세주와 같은 무기가 될 것이다. 특히 왼쪽으로 휘어지는 도그렉 홀이나 목표 방향을 방해하는 나무가 있을 때 오른쪽으로 쳐서 왼쪽으로 커브를 그리는 드로우 샷을 하면 효과적이다. 또한 맞바람이 불 때 바람을 뚫고 나가는 데에도 많은 도움이 된다.

드로우 샷

구질에 변화를 주는 샷 메이킹 요령

드로우 샷 셋업

POINT 01
클로즈드 스탠스를 취한다(오른발이 뒤로 빠진다).

POINT 02
클럽페이스는 타깃라인에 스퀘어이다.

POINT 03
스트롱 그립을 잡는다.

POINT 04
볼의 위치는 평소보다 오른쪽에 둔다.

타깃라인
토우라인
토우라인
타깃라인

드로우 샷 스윙 요령

백스윙은 평소보다 낮게 인사이드로 한다.

다운스윙은 오른쪽 팔꿈치를 허리 쪽으로 가깝게 하여 클럽을 인사이드로 내린다.

다운스윙 궤도는 토우라인을 따라 인 투 아웃으로 진행한다.

양팔을 이용하여 릴리스를 활발하게 한다.

피니시를 낮게 한다.

구질에 변화를 주는 샷 메이킹 요령

SHOT MAKING

페이드 샷

페이드 샷 구사 요령

페이드는 앞서 언급한 드로우와는 반대 구질이다. 볼이 스트레이트나 약간 왼쪽으로 가다가 끝에서 오른쪽으로 살짝 휘는 베이비 슬라이스라고 봐도 무방하다.

페이드를 치면 비거리가 다소 짧아지게 된다. 하지만 상급자들과 투어프로들 사이에는 페이드를 더 좋아하는 경향이 있다. 그 이유는 볼이 많이 구르지 않아 그린에서 잘 멈추고 드로우보다 일관성이 좋기 때문이다. 목표 방향으로 나무 같은 장애물이 있거나 뒤바람이 불거나 그린 위에서 볼이 구르는 것을 방지하고자 할 때 사용하면 유용하다.

SHOT MAKING

페이드 샷 스윙 요령

백스윙을 약간 아웃사이드로 가파르게 한다.

팔보다는 몸통을 적극 사용하여 다운스윙한다.

다운스윙을 약간 아웃 투 인으로 토우라인을 따라 한다.

릴리스를 최대한 절제한다.

피니시를 높게 한다.

낮은 탄도의 샷 구사 요령

플레이에 가장 큰 영향을 미치는 맞바람이나 옆바람이 불 때 바람의 저주를 피할 수 있는 길은 볼의 탄도를 낮추는 것이다. 즉, 넉 다운 샷에 능해야 한다. 넉 다운 샷은 탄도가 낮아 바람을 뚫고 나갈 수 있는 구질이며 많이 구르는 샷이다. 또한 수풀 속에서나 나뭇가지 아래로 낮게 쳐야할 때도 넉 다운 샷이 유용하다. 넉 다운 샷을 잘 익히면 어려운 상황을 잘 극복할 수 있어 타수 줄이기에 큰 도움이 된다.

클럽을 선택할 때는 바람이 시속 10마일(초속 4.5미터) 당 한 클럽 더 길게 선택한다. 보다 자세한 설명은 '맞바람이 불 때(p.267)'를 참고하기 바란다.

낮은 탄도의 샷 셋업

POINT 01 자세를 낮추고 그립을 짧게 잡는다.

POINT 02 볼의 위치를 스탠스 중간보다 오른쪽으로 놓는다.

POINT 03 손을 앞으로 기울여 클럽페이스를 세운다.

POINT 04 체중을 왼발에 약간 더 싣는다.

넉 다운 샷

SHOT MAKING

낮은 탄도의 샷 스윙 요령

백스윙은 3/4 정도만 한다.

다운스윙을 가파르게 하고 볼을 눌러 친다.

임팩트 때 몸과 머리의 위치가 볼보다 앞서 있어야 한다.

임팩트 후 클럽헤드가 지면에 낮게 따라가고 양팔을 뻗는 자연스러운 릴리스가 필요하다.

3/4 피니시로 마감한다.

높은 탄도의 샷 구사 요령

  티 샷의 결과가 좋지 않아서 옆 홀 페어웨이나 나무가 방해되는 곳에 떨어질 때가 있다. 이런 경우에는 불가피하게 높은 탄도의 샷을 구사하여 수풀과 나무 또는 목표를 가리고 있는 장애물을 모두 넘겨야만 목적을 달성할 수 있다.
  장애물을 넘겨 치는 높은 탄도의 샷을 할 때 유의할 점은 샷의 높이에 중점을 두기 때문에 착지거리가 대부분 짧아지게 된다. 그러므로 거리를 확보하기 위해 스윙 스피드를 최대한 올려서 치거나 넉넉하게 더 긴 클럽을 선택해야 함을 잊지 말기 바란다.

SHOT MAKING

높은 탄도의 샷 셋업

POINT 02 오른쪽 어깨를 낮추고 머리를 볼 뒤에 둔다.

POINT 05 양손의 높이를 낮춘다.

POINT01 일단 볼이 떨어진 지점에서 사용할 클럽의 헤드를 발바닥으로 밟아 그립 끝(샤프트가 이루는 각도)이 향하는 곳이 장애물을 넘어가는지 확인하고 클럽을 선택한다.

POINT 03 스탠스를 넓게 선다.

POINT 04 체중은 오른발에 더 두는 느낌으로 선다.

POINT 06 볼을 스탠스 중간 왼쪽에 둔다.

높은 탄도의 샷 스윙 요령

POINT 01
백스윙 때 어깨 회전과 코킹을 충분히 한다.

POINT 02
다운스윙 때 왼쪽으로의 체중이동보다는 몸통 회전에 중점을 두며 다운스윙 스피드를 최대한 올린다.

POINT 03
임팩트 때 머리가 볼보다 뒤에 있도록 유지한다.

POINT 04
크고 역동적인 팔로스루를 한다.

TROUBLE SHOT

② 트러블 상황에서의 공략법

왼발이 높은 오르막

    왼발이 높은 오르막 샷은 경사면 샷 중에서 가장 쉬운 샷이다. 타깃 방향으로 적당히 오르막 경사가 있다면 볼도 더 잘 뜨고 탑핑도 쉽게 나오지 않기 때문에 평지보다 더 치기 쉬운 상태가 된다. 하지만 경사가 일정한 각도를 넘어가면 이야기는 달라진다. 스윙 도중 몸의 균형이 흐트러지기 쉽고 볼의 구질은 왼쪽으로 잡아당기는 풀 샷(Pull Shot)이 되거나 훅이 나기 쉬워지고 거리도 짧아지게 된다. 따라서 이러한 상황을 예측하고 셋업부터 스윙까지 미리 대비하지 않으면 안 된다.

TROUBLE SHOT

왼발이 높은 오르막 스윙 요령

백스윙을 가파르게 한다.

체중이동을 절제하며 다운스윙은 가파르게 한다.

릴리스는 제한시킨다.

양발로 균형을 잡고 피니시는 3/4만 한다.

왼발이 낮은 내리막

경사면의 샷 중에서 가장 어려운 것이 왼발이 낮은 내리막 경사에서의 샷이다. 볼 뒤쪽의 지면이 높기 때문에 뒤땅이 많이 나올 수 있으며 샷의 탄도는 낮게 형성되어 많이 구르는 특성이 있다. 또한 경사면으로 인하여 몸의 무게중심이 목표 방향으로 쏠릴 수가 있어 탑핑도 종종 일어난다. 그리고 내리막 경사에서는 팔의 로테이션 동작이 어려워져서 임팩트 때 클럽페이스가 열리거나 스퀘어가 되지 않을 수 있어 슬라이스나 푸시가 많이 일어난다. 이러한 것들을 방지하기 위한 셋업과 스윙 메커니즘을 알아보자.

왼발이 낮은 내리막 셋업

POINT 01 어깨를 지면의 경사와 평행하게 한다.

POINT 02 오른쪽 무릎을 조금 구부려 경사에 적응한다.

POINT 03 뒤땅을 방지하기 위해 볼의 위치를 스탠스 중간 뒤쪽에 둔다.

POINT 04 손을 볼보다 앞으로 기울인다.

POINT 05 목표의 왼쪽(그린의 왼쪽 에지)을 향해 에임한다.

TROUBLE SHOT

왼발이 낮은 내리막 스윙 요령

코킹을 이용해서 가파르게 3/4 정도만 백스윙을 한다.

다운스윙은 가파르게 한다.

임팩트 존에서 릴리스를 활발하게 한다.

임팩트 후 클럽헤드는 경사면을 따라 간다.

피니시 때 3/4스윙으로 균형을 잡는다.

볼이 발보다 낮을 때, 높을 때

볼이 발보다 낮은 경우에는 볼이 몸에서 더 멀어지기 때문에 탑핑을 할 염려가 있다. 또한 볼을 치기 위해 체중이 볼 쪽으로 쏠리기 때문에 볼이 오른쪽으로 밀리는 푸시나 푸시 슬라이스가 나기 쉽다. 반면에 볼이 발보다 높을 때에는 몸의 무게중심이 발뒤꿈치 쪽으로 쏠리면서 볼을 왼쪽으로 잡아당기는 풀 샷이 되거나 훅이 나기 쉽다. 또한 볼이 몸에서 더 가깝기 때문에 타점이 볼 뒤 지면에 먼저 형성되어 뒤땅이 많이 나오게 된다. 따라서 이 두 가지를 유의해서 샷을 하게 되면 큰 실수를 줄일 수 있다.

볼이 발보다 낮을 때 셋업

POINT 01 무릎을 더 구부리고 체중은 뒤꿈치 쪽에 둔다.

POINT 02 풀스윙을 하기가 힘들기 때문에 한 클럽 더 길게 잡는다.

POINT 03 볼에 더 가까이 서고 볼과 스윙센터(가슴)와의 거리를 스윙하는 동안 일정하게 유지한다.

POINT 04 타깃의 왼쪽(그린의 왼쪽 에지)을 향해 에임한다.

T.I.P. POINT — 볼이 발보다 높을 때 셋업 요령
01 한 단계 긴 클럽을 선택하고 그립을 짧게 잡는다.
02 상체를 더 들고 볼과 스윙센터(가슴)와의 거리를 유지한다.
03 체중은 발끝 쪽에 더 둔다(뒤로 넘어지지 않도록 밸런스 유지).
04 볼의 위치는 스탠스 중간보다 앞쪽에 둔다(제한된 체중이동과 뒤땅 방지).
05 타깃의 오른쪽(그린의 오른쪽 에지)을 향해서 에임한다.

TROUBLE SHOT

볼이 발보다 낮을 때 스윙 요령

백스윙을 가파르게 한다.

하체를 고정시키고 상체와 팔 위주로 다운스윙한다.

다운스윙은 체중이동을 절제하고 스윙 반경을 어드레스 때와 같이 일정하게 유지한다.

앞으로 넘어지지 않도록 균형을 유지한다.

맞바람이 불 때

일반적으로 바람이 불게 되면 볼을 더 강하게 치려는 경향이 있다. 따라서 몸이 급격하게 움직이게 되고 팔에는 힘이 잔뜩 들어간 나머지 상하체의 조화를 이루지 못하고 스윙에 엇박자가 일어난다. 그 결과 정확한 임팩트를 만들어내지 못하고 미스 샷이 되는 경우가 많다. 따라서 바람 부는 날에는 스윙을 좀 더 천천히 부드럽게 하되 임팩트를 최대한 잘 살려야 한다.

바람이 불 때 기본적으로 가장 먼저 숙지해야 할 점은 바람의 속도 변화에 따른 클럽의 선택이다. 전통적으로 투어프로들 사이에서 내려오고 있는 방법은 시속 10마일(초속 약 4.5미터) 당 한 클럽 차이이다. 만일 바람이 초속 9미터(9m/s) 맞바람이라면 두 단계 더 긴 클럽으로 쳐야 하고 뒷바람이라면 두 단계 짧은 클럽을 쳐야 한다. 이것은 골프를 하는 평생 동안 기억해야 할 사항이다.

그런데 투어프로나 경험이 많은 골퍼들은 바람의 세기를 몸으로 직접 느껴서 짐작할 수 있지만 일반 골퍼들은 가늠하기가 쉽지 않다. 이런 경우에는 그린의 깃발이나 나무의 끝을 보면 바람의 강도를 어느 정도 가늠할 수 있다. 잔디를 날려봐서 바람의 방향과 세기를 파악하는 것도 매우 효과적이다.

T.I.P. POINT

바람의 세기를 파악하는 방법

01 한 클럽 조정이 필요할 때
- ▶ 잔디를 날렸을 때 공중으로 퍼지면서 한쪽으로 이동한다.
- ▶ 20m 정도 떨어진 나무가 흔들리지만 자신은 바람을 느끼지 못하고 있다.
- ▶ 바지의 단이 흔들리면서 한쪽으로 쏠린다.

02 두 클럽 조정이 필요할 때
- ▶ 잔디를 날렸을 때 공중으로 올라가지 않고 바로 한쪽으로 날아간다.
- ▶ 20m 정도 떨어진 나무가 흔들리고 자신도 동시에 바람을 느낄 수 있다.
- ▶ 바지가 한쪽으로 쏠려 장딴지 근육의 모양이 드러난다.

TROUBLE SHOT

맞바람이 불 때는 당연히 낮은 탄도의 샷이 유리하며 스윙을 너무 강하지 않게 하는 것이 좋다. 스윙을 강하게 하면 궤도가 가파르게 되고 오른 손목이 일찍 풀리거나 백스핀이 더 많이 걸려서 볼이 뜨게 된다. 또한 오른팔에 너무 힘이 들어가 릴리스를 방해하여 오른쪽으로 푸시 슬라이스가 유발된다.

맞바람일 경우 드라이버로 티 샷을 할 때 일반적으로 티를 낮게 꽂는 경우가 많다. 그러나 티를 너무 낮게 꽂으면 다운 블로우가 심해져 백스핀을 더 유발시켜 오히려 볼 탄도가 높아진다. 그러므로 티 높이는 클럽헤드가 볼에 가장 수평으로 접근할 수 있는 높이, 즉 보통 때보다 약간만 낮게 조절해야 한다. 또한 볼을 낮게 치기 위해서는 볼의 위치를 보통 때보다 오른쪽(왼쪽 겨드랑이 부분)으로 놓고 다운스윙 궤도를 인 투 아웃으로 쳐서 낮은 드로우를 이끌어내면 맞바람을 가장 효과적으로 뚫고 나갈 수 있다.

맞바람 상황에서 아이언 샷을 칠 경우에는 앞에서 설명한 탄도를 낮출 수 있는 넉 다운 샷을 구사한다.

푸시 슬라이스

낮은 드로우 샷

TROUBLE SHOT

뒷바람이 불 때

　바람이 뒤에서 불어올 때의 샷은 맞바람일 때보다 훨씬 수월하다. 뒷바람이 볼의 비행에 도움을 주기 때문에 볼이 더 멀리 날아갈 뿐만 아니라 백스핀도 줄여주어 볼이 지면에 떨어지더라도 더 많이 구르게 된다.

　이때는 티를 평소보다 높게 꽂고 하이 페이드 샷을 구사하면 런을 줄일 수 있어 효과적이다. 또한 드라이버 대신 3번 우드로 더 높은 탄도를 만들어도 유리하다. 다만 뒷바람이 티 샷 비거리에는 도움이 되지만 그린을 공략하는 아이언 샷의 경우 바람의 영향과 지면에서의 런이 많아지는 것을 고려해서 한 두 클럽 짧게 선택해야 한다.

높은 페이드 샷

높은 페이드 샷 스윙 요령

① 왼쪽 어깨를 좀 더 높여 준다. 아이언은 평소보다 볼 1개 왼쪽에 둔다. 드라이버는 왼발 뒤꿈치 선상에 둔다.
② 임팩트 때 머리가 볼 뒤에 머무르도록 한다.
③ 팔로스루의 반경을 크게 해준다.

T.I.P. POINT

바람을 판단할 때 주의사항

낮은 지역, 특히 샷을 하는 지점이나 그린에서는 바람의 흔적을 전혀 찾아볼 수 없어 실제로 샷을 하면 형편없이 짧거나 길어지는 경우가 있다. 대개 골프코스는 홀을 구분 짓기 위해서 경계선에 많은 나무가 조성되어 있는데 그 나무들이 병풍과 같이 바람막이 역할을 하기 때문이다. 따라서 조금이라도 높은 탄도의 볼을 칠 때는 반드시 공중바람을 고려해야 한다. 공중바람을 확인하기 위해서는 그린 쪽의 높은 나무 끝을 관찰하거나 주위의 가장 높은 지점의 나무 꼭대기를 살펴보면 알 수 있다.

TROUBLE SHOT

옆바람이 불 때

바람이 옆에서 불 때는 좀 더 신중하게 플레이해야 한다. 바람이 방향뿐만 아니라 거리에도 영향을 미치기 때문이다. 핸디캡이 높고 샷 메이킹에 자신이 없는 골퍼들은 바람에 순응하는 플레이를 하는 것이 가장 좋다. 하지만 싱글골퍼나 샷 메이킹에 능한 골퍼라면 바람을 이기는 샷을 하는 것도 좋다. 예를 들어 바람이 좌측에서 우측으로 불 때 높은 핸디캡의 주말골퍼들은 좌측으로 에임하고 샷을 해서 바람을 타고 볼이 우측으로 이동하도록 하는 것이 현명하다. 하지만 샷 메이킹에 능한 골퍼라면 오른쪽에서 왼쪽으로 커브를 그리는 드로우 구질을 구사함으로써 바람을 힘 있게 뚫고 나가 더 좋은 결과를 이룰 수도 있다.

T.I.P. POINT — 바람 속에서 낮은 드로우 샷을 치는 요령

01 스트롱 그립을 잡는다.
02 클로즈드 스탠스를 취한다.
03 볼의 위치는 더 오른쪽에 놓는다.
04 스윙을 좀 더 플랫하게 하되 인 투 아웃 궤도로 한다.
05 릴리스를 적극적으로 실시한다.
06 피니시를 낮게 한다.

러프에서의 샷

골퍼에게 러프는 길이가 가장 관건이겠으나 또 한 가지 간과할 수 없는 것은 잔디의 종류이다. 잔디의 종류에 따라 특성이 많이 다르기 때문에 그 특성을 알고 플레이를 하는 것은 상당한 도움이 된다.

국내 골프장은 금잔디, 즉 조이시아그래스(Zoysiagrass)의 일종인 중지나 야지를 많이 사용하므로 볼이 잔디에 묻히지 않고 떠있어 샷을 하거나 숏게임을 하는 데 비교적 좋다. 서양에서 쓰는 대표적인 잔디로는 따뜻한 지역의 버뮤다그래스(Bermudagrass)나 금잔디(Zoysiagrass) 또는 세인트 어거스틴(St. Augustine) 등을 들 수 있고, 추운 지역의 벤트그래스(Bentgrass), 블루그래스(Bluegrass), 라이그래스(Ryegrass), 페스큐그래스(Fescuegrass) 등이 있다.

그 중 골프 샷을 가장 어렵게 만드는 대표적인 잔디가 버뮤다그래스와 페스큐그래스이다. 버뮤다그래스는 줄기가 비교적 넓은 편이지만 너무 부드럽기 때문에 흐물거리고 클럽을 감싸는 특성이 있어서 클럽이 쉽게 빠져나가지 못한다. 또한 페스큐그래스는 줄기가 잡초같이 질기기 때문에 클럽에 전달되는 저항이 강해서 역시 클럽이 쉽게 빠져나가지 못하게 만든다.

러프에서 볼을 칠 때는 라이를 잘 살피고 만일 볼이 러프에 깊이 박혀있지 않다면 별다른 조정 없이 페어웨이에서처럼 치면 된다. 다만 그립을 좀 더 강하게 잡고 풀스윙을 강하게 해줘야 하며 볼이 착지되어도 더 많이 구른다는 것을 염두에 둬야 한다. 그러나 볼이 깊은 러프나 밀도가 촘촘한 곳에 떨어졌다면 다음과 같이 처리해야 한다.

TROUBLE SHOT

CASE 01 레이업을 하려거든 확실하게 하라

깊은 러프에 빠져서 도저히 볼을 그린까지 보낼 수 없을 때는 과감하게 레이업을 해야 한다. 그린으로 올리기 위한 샷을 하다가 잔디의 저항 때문에 짧아지는 샷은 레이업이 아닌 미스 샷이다. 확실한 레이업을 결심했다면 러프 탈출을 쉽게 하기 위한 클럽 선택부터 달라져야 한다. 레이업은 다음 샷이 수월한 곳으로 볼을 보낼 수 있기 때문에 미스 샷을 줄일 수 있고 다음 샷으로 만회할 수 있는 기회도 생겨 일석이조의 효과를 누릴 수 있다.

CASE 02 레이업을 하지 않고 온 그린을 노릴 경우

만일 거리상으로 온 그린이 가능할 경우에는 직접 그린을 향해 샷을 해야 한다. 이때 깊은 러프에서는 잔디의 저항이 강할 뿐만 아니라 잔디가 클럽의 목 부분을 가장 먼저 감기 때문에 클럽페이스가 닫혀서 볼이 왼쪽으로 가게 됨을 유의해야 한다. 따라서 그립은 더 꽉 잡고 스윙도 더 강하게 하여 모든 저항을 이겨내야 한다.

TROUBLE SHOT

잔디 위에 떠있는 볼

앞에서도 언급했듯이 잔디의 종류에 따라 질기고 뻣뻣한 잔디에서는 볼이 떠있게 된다. 이러한 상태를 플라이어(Flier)라고 하는데 몇 가지만 유의해서 플레이하면 성공적인 결과를 만들어 낼 수 있다.

먼저 잔디 위에 떠있는 볼을 치게 되면 백스핀이 감소하기 때문에 많이 구른다는 것을 염두에 두자. 이럴 땐 짧은 클럽을 선택하든지 아니면 클럽을 짧게 잡고 부드러운 스윙을 해야 한다. 이 상태에서는 높이 뜨는 하이 페이드 샷을 치면 그린에서 구르는 것을 상쇄시킬 수 있기 때문에 가장 효과적이다.

하이 페이드 샷 요령

T.I.P. POINT

01 볼을 평소보다 왼쪽에 놓고 오픈 스탠스를 취한다.
02 백스윙을 약간 아웃사이드로 높게 올린다.
03 다운스윙 궤도는 토우라인을 따라 살짝 아웃 투 인으로 한다.
04 다운스윙에서 팔보다 몸의 회전을 더 이용한다.
05 임팩트 후 왼쪽 팔꿈치를 들어 릴리스를 최대한 억제한다.
06 피니시를 높게 한다.

맨땅 위에서의 샷

그린 주위에는 의도적으로 만들어 놓은 장애물이 있는가 하면 자연스럽게 생성되는 경우도 있다. 가령 디봇 자국이 많이 난다든지 잔디가 잘 자라지 못해서 맨땅이 된다든지 하는 것은 흔한 일이다. 이렇게 맨땅과 같이 딱딱한 곳을 하드팬(Hardpan)이라고도 하는데 잔디에서 치는 것과는 방법이 다르기 때문에 각별히 주의하지 않으면 실수가 나오게 된다.

딱딱한 땅에서 로프트가 큰 웨지를 사용하게 되면 클럽의 바닥 부분이 먼저 지면을 치고 튕겨져 그 다음에 볼을 얇게 치는 뒤땅성 탑핑이 나오게 된다. 주말골퍼들이 가장 많이 실수하는 부분 중의 한 가지도 바로 이것이다. 그린 주위에서 핀까지는 가까워도 로프트가 큰 로브웨지나 샌드웨지는 위와 같은 문제를 일으키기 때문에 볼을 띄우는 샷보다는 낮게 굴려 치는 샷이 더욱 유리하다. 앞서 말한 대로 샷의 우선순위는 퍼팅〉칩핑〉피칭이 되어야 하며 가능한 한 로프트가 작은 클럽으로 낮게 굴리는 것이 효과적이다. 셋업을 할 때도 볼의 위치를 뒤쪽에 놓고 손을 타깃 쪽으로 기울여서 클럽의 로프트를 더 작게 만들고 스윙을 작게 해서 정확한 임팩트가 이루어질 수 있도록 집중해야 한다.

T.I.P. POINT

하드팬 연습 방법

하드팬 상황을 대비하여 연습을 원한다면 매트 위에 고무판을 깔고 치거나 더 강도를 높여 판자 위에 볼을 놓고 연습하면 매우 효과적이다.

TROUBLE SHOT

숲속에서의 탈출

숲속에서 나무들 사이의 작은 공간으로 그린을 향하여 샷을 시도해서 온 그린을 노려보지만 볼은 어김없이 나무에 맞아 더 열악한 상황을 만들어 내곤 한다. 하지만 골프에 이력이 난 고수들을 살펴보라. 상황에 흥분하지 않으며 앞과 옆 그리고 심지어는 뒤쪽까지도 가장 안전하게 빠져나갈 수 있는 곳으로 샷을 하는 것을 볼 수 있다. 여의치 않으면 1벌타를 받고 언플레이어블 볼을 선언해서 다음에 트러블 상황을 제거한다. 하수는 벌타 1타가 억울하다고 생각하지만 고수는 벌타 1타로 인하여 최악의 상황을 막았다고 생각한다.

숲속에서 잘 빠져나오기 위해서는 대부분 나뭇가지 아래로 샷을 해야 하고 볼이 빨랫줄같이 곧게 뻗어나가게 쳐야 실수 없이 탈출할 수 있다.

T.I.P. POINT

숲속에서의 샷 요령

01 탄도를 낮추기 위해 충분히 긴 클럽을 선택하고 짧게 내려 잡는다.

02 볼의 위치는 평소보다 더 오른쪽에 놓는다.

03 체중을 왼발에 더 싣는다.

04 백스윕은 대부분 팔로만 한다.

05 임팩트 존에서 손이 클럽헤드보다 앞서도록 한다.

06 다운블로우로 볼을 클럽으로 압축시키듯이 강하게 눌러 친다.

07 피니시를 낮고 길게 한다.

비오는 날의 플레이

비가 내릴 때는 두 가지 사항에 유의해야 한다. 첫 번째는 그립이 미끄러지지 않도록 해주는 것이 중요하다. 비가 내리는 것을 예상했다면 골프장갑을 여러 개 준비해서 자주 갈아 끼는 것이 필요하다. 많은 비가 와서 장갑을 갈아 끼는 것만으로 효과가 없을 때는 물기 속에서도 압착력이 좋은 기능성 장갑을 준비하는 것이 좋다. 만일 기능성 장갑을 구하기 힘들다면 작업할 때 사용하는 목장갑이 좋은 대용품이 될 수 있다. 플레이 도중 갑자기 비가 내려서 그립이 미끄러울 때의 응급처치 방법은 티슈나 냅킨을 그립에 감고 치면 미끄러움을 방지할 수가 있다. 이것은 골프 룰에 위배되는 사항이 아니기 때문에 걱정할 필요 없다.

두 번째는 비가 내린 바닥이 젖어있기 때문에 깨끗한 임팩트를 하지 못하면 클럽에 물이 접촉되어 뒤땅성 미스 샷이 많이 나오게 된다. 이런 경우에는 페어웨이 벙커에서 볼을 쳐내는 개념과 다르지 않다.

T.I.P. POINT

비오는 날의 스윙 요령

01 몸을 좀 더 세우고 클럽헤드를 지면에서 뗀 채 어드레스를 한다.

02 스윙 플레인을 플랫하게 해서 쓸어 치지 말고 가파르게 해서 다운 블로우로 친다. 클럽헤드가 반드시 볼부터 접촉되는 깨끗한 임팩트가 필요하며 약간의 탑핑성 타격도 나쁘지 않다.

PART 10

PUTTING FOR HOLE IN
퍼팅

투어선수들의 퍼팅에 대한 통계 중에서 눈에 띄는 대목이 있다. 전체 골프 스코어 중에 퍼팅이 차지하는 비중이 40%가 넘는다는 것이다. 한 마디로 퍼팅을 못하면 우승할 수 없다는 결론이 나온다. 이는 주말골퍼도 예외는 아니다.

① 퍼팅의 기본 개념

퍼팅 셋업 요령

    퍼팅 어드레스는 양쪽 팔꿈치를 살짝 구부려서 팔뚝과 샤프트가 일직선상에 있도록 한다. 그리고 볼은 왼쪽 눈의 수직 하단부에 있도록 한다. 퍼팅은 스트로크를 할 때 손목을 사용하면 클럽 페이스의 방향이 바뀔 수 있으므로 반드시 손목을 고정시켜야 한다. 따라서 그립은 손가락보다 손바닥으로 잡아야 손목 고정이 용이하다. 그리고 몸의 정렬은 클럽 페이스를 볼에 스퀘어로 맞춘 다음 타깃 라인에 평행하게 한다.

PUTTING
FOR HOLE IN

퍼팅 스트로크 요령

POINT 01
어드레스 때 팔과 어깨선으로 이룬 모양을 유지한다(삼각형, 오각형).

POINT 02
어깨부터 시계추처럼 움직인다(리듬, 일관성, 스윙의 크기에 주의).

POINT 03
몸과 머리는 움직이지 말고 팔로만 스트로크 한다.

나에게 맞는 퍼터란?

자신에게 맞는 퍼터를 선택하는 방법은 무엇일까? 먼저 자신의 퍼팅 스트로크 스타일을 파악한다. 즉, 퍼터헤드를 직선으로 움직이는 스타일인지 아니면 부채꼴 궤도 스타일인지를 생각해본다. 정확한 동작과 직선 궤도의 스타일이라면 페이스 밸런스(Face-Balanced) 퍼터가 좋고, 부채꼴 궤도의 감각적인 퍼팅을 하는 골퍼라면 토우 밸런스(Toe-Balanced) 퍼터가 효과적이다.

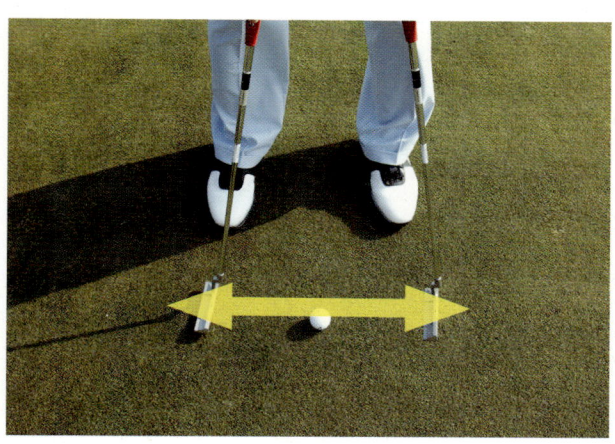 

페이스 밸런스와 토우 밸런스 퍼터를 구별하는 방법은 간단하다. 퍼터를 가로로 하여 저울처럼 손가락으로 샤프트 아래를 받친 다음 수평 균형을 맞춰본다. 이때 클럽페이스가 하늘을 향하면서 수평을 이루면 페이스 밸런스 퍼터이고 토우 부분이 무거워 아래로 처지면 토우 밸런스 퍼터이다.

2 퍼팅을 잘하기 위한 요령

스트레이트 퍼팅을 잘해야 모든 퍼팅을 잘한다

퍼팅을 잘한다는 기준은 무엇일까? 롱퍼팅이나 경사가 있는 곳과 같이 어려운 상태에서 홀에 잘 넣는 골퍼가 퍼팅을 잘하는 것일까? 아니면 어떠한 곳에서든 스리 퍼트를 안 하는 골퍼가 잘하는 것일까? 모두 맞는 말이지만 퍼팅 실력의 기준은 가장 쉬운 스트레이트 퍼팅을 잘하는 것이다. 골프장에는 빠른 그린과 느린 그린, 평평한 그린과 경사가 있는 그린, 크기가 큰 그린과 작은 그린 등 다양한 퍼팅 그린이 있다. 그런데 그 중에서도 평지에서 볼을 똑바로 보낼 수 있고 짧고 쉬운 퍼팅을 놓치지 않는 사람이 퍼팅을 잘하는 사람이다.

스트레이트 퍼팅을 잘하기 위해서는 퍼팅 메커니즘이 정석으로 이루어져야 한다. 변형된 메커니즘으로 감각이나 느낌 등을 이용해서 하는 퍼팅은 라운딩을 자주하는 골퍼에게는 괜찮지만 주말골퍼에게는 적합하지 않다.

01 어깨와 팔로 만든 오각형을 한 덩어리로 스윙한다.

02 백스윙은 짧게 한다.

03 팔로스루는 백스윙보다 길게 한다.

스윙궤도는 직선으로 한다.

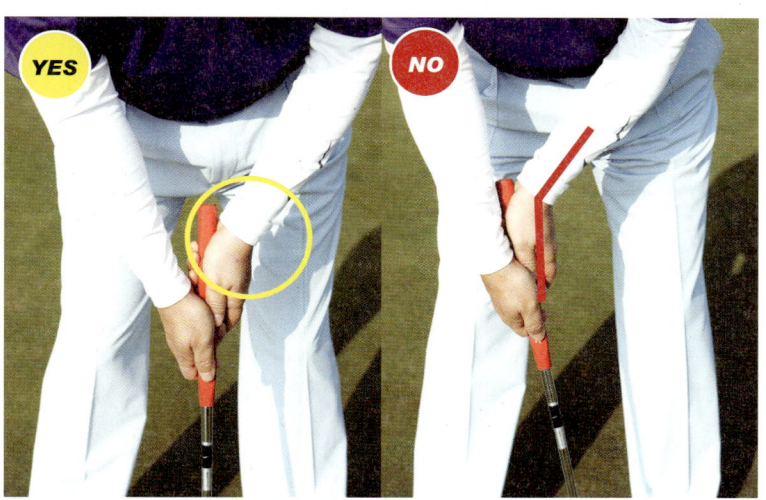

클럽페이스를 스퀘어로 이루기 위해서는 왼손목을 고정시킨다.

PUTTING FOR HOLE IN

숏퍼팅과 롱퍼팅의 차이

　같은 그린 위에서의 플레이라도 롱퍼팅과 숏퍼팅은 거리가 다른 만큼 퍼팅의 개념과 테크닉을 구분해야 한다.

　숏퍼팅은 꼭 성공시켜야만 하는 퍼팅이다. 거리보다는 방향이 성공 열쇠이며 긴장감이 최대의 적이다. 따라서 고도의 집중력과 정확한 메커니즘의 실행 그리고 자신감이 요구된다. 자신감도 꾸준한 노력으로 이루어진 과거의 성공 경험이 많아야 생긴다는 사실을 잊지 말자.

　반면에 롱퍼팅의 목적은 일단 스리 퍼트를 피하는 것이다. 즉, 볼을 홀 주위 1m 안에 보낸다면 성공적이라고 볼 수 있다. 따라서 10m가 넘는 거리에서의 퍼팅은 메커니즘에 얽매이지 말고 시야를 넓게 보고 그린의 빠르기나 경사 등을 고려하여 거리 감각을 최대한 살려야 한다.

숏퍼팅
숏퍼팅의 궤도는 직선이다. 숏퍼팅은 손목 사용을 자제한다.

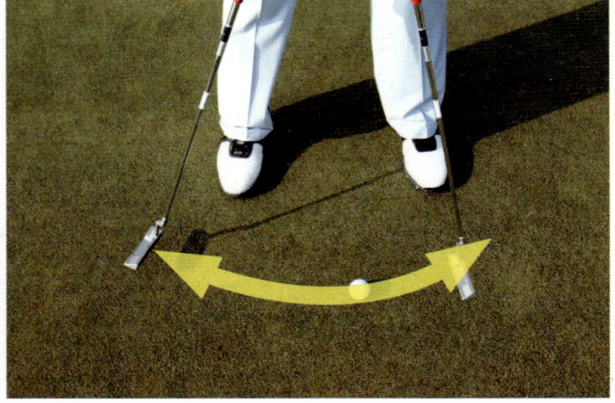

롱퍼팅
롱퍼팅의 궤도는 부채꼴이다. 롱퍼팅은 손목을 유연하게 사용한다.

숏퍼팅과 롱퍼팅

	숏퍼팅	롱퍼팅
성공 결정요소	방향	거리
궤도	직선 궤도	부채꼴 궤도
주요 개념	손목이 꺾이지 않게 한다.	손목을 유연하게 사용한다.
메커니즘	기본 사항을 충실하게 실행한다.	터치감을 최대한 살린다.

숏퍼팅은 눈이 아닌 귀로 확인하라

　숏퍼팅을 정교하게 하고자 할 때는 머리나 몸이 스트로크를 따라 움직이면 절대 안 된다. 양팔을 시계추처럼 움직이면서 스트로크를 하되 가능한 한 시선도 볼을 따라가지 않아야 한다. 만일 시선이 따라가면 머리가 움직이게 되어 헤드업과 상체가 따라 가는 결과도 일어날 수 있다. 따라서 숏퍼팅을 할 때는 양팔과 어깨만 움직이고 결과는 귀로 확인하는 습관을 들여야 성공 확률이 높아진다.

PUTTING
FOR HOLE IN

숏퍼팅 100% 성공하는 연습 방법

숏퍼팅을 잘하기 위한 효과적인 연습방법은 홀 주위 1m 떨어진 거리에 8개의 볼을 놓고 그 볼이 계속해서 모두 들어갈 때까지 시도하는 것이다.

만일 도중에 한 개라도 실패한다면 처음부터 다시 실시한다. 여기서 중요한 것은 볼이 홀에 들어가는 것을 귀로 들어야 한다는 점이다. 볼이 들어가는 것을 확인하기 위해 몸을 돌리지 말라는 것이다. 이 연습은 긴장감으로 인해 자신도 모르게 손목을 쓰거나 몸이 움직이는 것을 방지하는 데 도움을 준다.

만일 여기까지 연습이 되었다면 퍼팅의 최고의 경지를 위해 숏퍼팅을 눈감고 연습해보자. 어떤 상황에서도 퍼팅의 견고한 메커니즘이 몸에 배었다면 눈을 감고도 성공시킬 수 있게 된다. 이쯤 되면 여간해선 숏퍼팅은 놓치지 않는 깐깐한 골퍼가 되어 있을 것이다.

T.I.P. POINT

'Never gets, never in', 'Never up, never in'

퍼팅에서 전통적으로 내려오는 가장 중요한 개념이 바로 'Never gets, never in'과 'Never up, never in'이다. 즉, '퍼팅은 볼이 홀까지 도달하지 않으면 절대로 홀인이 될 수 없다' 또는 '경사면에서 볼이 홀보다 높은 쪽으로 진행되지 않으면 홀인이 될 수 없다'라는 말이다. 미국의 유명한 숏게임 교습가인 데이브 펠츠(Dave Pelz)는 퍼팅은 볼이 홀을 17인치(약 43cm) 지나가도록 쳐야 홀인이 될 확률이 가장 높다고 역설했다.
하지만 10m 이상의 롱퍼팅을 할 때는 이 개념을 적용할 필요가 없다. 이렇게 먼 거리에서는 일단 투 퍼팅으로 마무리해야 하기 때문에 최대한 홀 가까이 붙이기만 하면 된다. 적어도 1m 이내의 거리에 붙이면 성공이다. 반면에 미들퍼팅이나 숏퍼팅은 반드시 홀인을 시도해야 한다. 따라서 평지에서는 반드시 홀을 지나가도록 쳐야 하며, 경사면에서는 홀보다 높은 쪽으로 쳐서 성공 확률을 높여야 한다.

롱퍼팅을 즐겨라

숏퍼팅이나 미들퍼팅까지는 홀에 넣는 것이 목적이지만 롱퍼팅은 그 목적이 다르다. 홀에 직접 넣는다는 생각보다는 최대한 홀 주위에 가깝게 보내서 투 퍼팅으로 마무리한다는 생각을 해야 한다.

사실 홀에 넣기 위해 공격적인 시도를 한다고 해서 원 퍼팅으로 홀인이 되는 것은 사실상 거의 불가능하다. 성공에 대한 강박관념으로 인한 부담 때문에 많이 짧아지거나 길어져서 오히려 스리 퍼팅을 할 확률이 높아지기 때문이다. 따라서 1m 이내에 볼을 보낸다는 유연한 생각이 부담감을 줄여주고 더 정확한 거리감각을 갖게 할 것이다.

DRILL > 홀보고 롱퍼팅하기

10m 이상 되는 롱퍼팅의 경우 거리감각을 익히기 위한 좋은 연습방법을 소개해 보겠다. 일반적으로 퍼팅을 할 때는 홀을 보고 모든 판단이 끝나면 마지막에는 볼을 보면서 스트로크를 한다. 하지만 롱퍼팅을 더 잘하기 위해서는 퍼팅할 때 볼이 아닌 홀을 보고 하는 방법이 효과적이다. 홀만 보고 퍼팅할 경우 목표와 거리를 더 잘 감지할 수 있어 볼을 홀 주변에 가깝게 보내는 데 많은 도움이 된다.

01 홀을 보고 백스윙한다.   **02** 계속 홀을 보고 팔로스루한다.

스리 퍼팅 방지 연습 방법

보통 롱퍼팅에서 스리 퍼팅 실수를 자주 범하게 되는데 그 원인의 90% 이상은 거리를 맞추지 못하는 데 있다. 즉, 롱퍼팅에서 볼이 홀 좌우측으로 1~2m 이상 벗어나는 경우는 별로 없지만 홀로부터 1~2m 짧거나 길어지는 경우는 흔하다. 때로는 오차가 3m 이상 벌어지기도 한다. 결국 스리 퍼팅은 방향의 문제보다는 주로 거리 조절의 실패에서 오게 된다. 특히 느린 그린보다는 빠른 그린에서, 오르막보다는 내리막에서 스리 퍼팅이 잘 나온다.

퍼팅 거리를 맞추는 방법에는 여러 가지가 있는데, 필자가 연구한 비결을 소개하고자 한다. 먼저 스윙의 크기를 이용해서 거리를 맞추는 방법으로 백스윙의 크기에 따라 거리를 늘려나가는 방법이다. 이 방법은 백스윙의 크기가 커질수록 얼마나 일관성 있게 거리를 더 증가시킬 수 있는지가 관건이다. 예를 들어 백스윙의 크기를 10cm에서 15cm로 크게 할 때의 거리 증가와 15cm에서 20cm로 크게 할 때의 거리 증가가 같아야 한다는 것이다. 거리 차이가 일정하게 나지 않으면 백스윙의 크기로 거리조절을 하는 것은 무의미하다. 따라서 일정한 거리 차이가 날 때까지 퍼팅 감각을 익혀야 한다.

T.I.P. POINT

퍼팅 거리를 조절하는 공식

퍼팅을 할 때 거리를 조절하는 매우 효과적인 방법을 한 가지 소개하겠다. 평지에서 볼과 홀과의 거리를 자신의 보폭으로 잰 다음에 그 보폭수에 3을 곱하여 그 값을 백스윙의 크기로 결정하는 것이다. 예를 들어 홀까지의 거리가 5걸음이라면 5×3=15cm가 백스윙의 크기가 되는 것이다. 단, 이것은 일반적인 그린 상태에서의 퍼팅에 적용된다. 만일 자신의 터치감각이나 그린 상태에 따라 조금은 달라질 수 있으므로 터치를 약하게 하는 골퍼나 그린이 느린 경우에는 4를 곱하는 응용력이 필요하다.

정확도를 높이기 위한 연습 방법

DRILL 01 > 2x4인치, 약 70cm 각목으로 연습하기

평지 홀에서 2m 정도 떨어진 지점에 각목을 퍼팅라인과 평행하게 놓고 퍼터헤드의 토우 부분이 각목을 스치면서 퍼팅을 하는 방법이다. 이 방법은 퍼터의 궤도가 흔들리지 않고 일관성 있게 움직일 수 있도록 하는 감각을 키워준다. 각목만 따라서 퍼팅하면 100% 홀에 넣을 수 있어야 한다.

DRILL 02 > 초크라인 그어놓고 연습하기

평지 홀의 2~3m 정도 떨어진 지점에서 홀까지 직선라인을 그어 놓고 볼을 그 라인 위로 굴려 보내 홀인시키는 연습이다. 퍼팅을 직선으로 똑바로 하기 위한 연습으로, 그려진 라인과 볼이 굴러가는 라인이 비교되기 때문에 자신의 퍼팅 성향과 실패하는 방향을 알 수 있다.

DRILL 03 > 3m 간격마다 볼 2개씩 퍼팅하기

미들퍼팅과 롱퍼팅의 감각을 익히기 위한 연습방법이다. 3m, 6m, 9m, 12m, 15m 지점에 각각 볼을 2개씩 놓고 짧은 거리부터 차례대로 연습한다. 거리에 대한 터치감과 백스윙의 크기 등을 익히는 데 좋은 연습방법이다.

PUTTING
FOR HOLE IN

숏퍼팅을 자주 놓치는 입스를 극복하자

입스(Yips)란 숏퍼팅을 할 때 과거의 실수를 또 저지를까봐 두려워지면서 가슴이 두근거리고 불안한 심리상태가 되어 결국 실수하게 되는 것을 말한다. 이러한 경험은 누구에게나 한번쯤은 찾아오게 되는데 빨리 극복하는 사람이 있는가 하면 오랫동안 입스 슬럼프에 빠지는 경우도 있다. 이러한 악성 바이러스와 같은 입스를 치유하는 방법을 알아보자.

01 좋은 기억을 되살려라

자신이 과거에 멋지게 성공시켰던 퍼팅이라든지 첫사랑의 좋은 기억, 여행 시 감상했던 환상적인 풍경, 좋아하는 노래 가사 등 여러 가지가 있을 수 있다.

02 퍼팅 스타일을 바꾸거나 장비(퍼터)를 교체하라

새로운 퍼팅 폼을 시도하거나 장비를 교체함으로써 퍼팅 분위기를 바꿔서 과거의 퍼팅 습관을 잊는 것도 좋은 방법이다. 새로운 시도는 항상 기대감을 갖게 만든다.

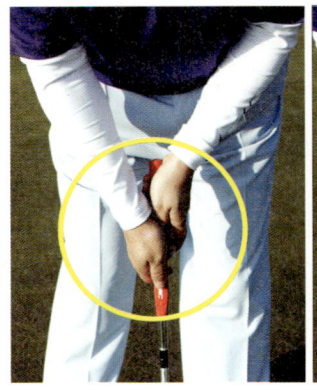 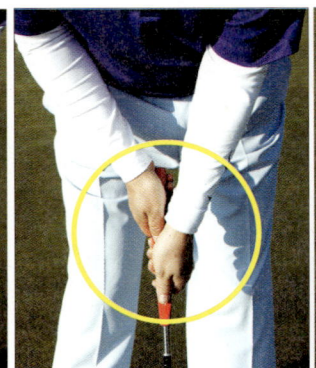 

03 일관성 있는 프리 샷 루틴을 시행하라

매번 다른 루틴은 안정감을 저해하므로 일관성 있는 프리 샷 루틴으로 마음의 불안감을 극복하라. 루틴 중에서도 행운을 가져다준다고 생각하는 특별한 동작이 있다면 반드시 홀인이 될 것을 믿고 그 동작을 실시하라.

04 아주 짧고 쉬운 퍼팅부터 시작하라

성공에 대한 경험과 확신을 가지기 위해서는 짧은 퍼팅부터 반복해서 실시한다. 홀 주위 1m 지점에 8개의 볼을 모두 넣는 연습을 하는 것이 도움이 된다.

3 경사와 라인, 스피드 판단법

그린 읽는 요령

골프를 시작한지 얼마 안 된 초보자라면 그린 위에서 볼의 진행 경로에 영향을 주는 요소들을 생각할 여유가 없을 것이다. 그렇기 때문에 더 과감하게 퍼팅을 할 수 있고 따라서 성공 확률도 더 높을 수 있다. 실제로 초보자일 때 드라이버도 더 멀리 치고 퍼팅도 잘했던 기억이 있을 것이다.

그러나 실제로는 그린 위에서 퍼팅을 할 때 볼의 진행 경로에 영향을 주는 요소는 매우 많다. 투어프로들은 반드시 이러한 사항을 감안해서 퍼팅을 하며, 일반 골퍼들 중에서도 퍼팅을 민감하게 하는 사람들은 그린 위에서의 변수를 면밀히 따져 보기도 한다. 다음은 미국 PGA 교습서에 소개된 그린 위에서 볼의 진행에 영향을 줄만한 내용이니 참고하기 바란다.

그린 읽는 방법

- 그린 위에 이슬이 맺혔거나 물기가 있는 경우에는 느린 그린이다.
- 그린이 얼어서 딱딱한 경우에는 퍼팅 시에는 느린 그린이고, 피칭 시에는 튀는 그린이다.
- 그린 위 발자국이 오래 남아 있는 경우에는 느린 그린이다.
- 햇빛이 강하고 그린이 딱딱한 경우에는 빠른 그린이다.
- 바람이 많고 그린이 건조한 경우에는 빠른 그린이다.
- 산이 있는 쪽의 경사가 높다(마운틴 브레이크).
- 물이 있는 쪽으로 경사가 흐른다.
- 햇빛이 강한 쪽으로 잔디가 향한다(오후 일조량이 많기 때문에 서쪽).
- 물이나 배수구가 있는 쪽으로 잔디가 향한다.
- 바람이 부는 방향 쪽으로 잔디가 향한다.
- 내리막 퍼팅이 오르막 퍼팅보다 더 많은 브레이크 영향을 받는다.
- 처음 15%의 거리는 미끄러지며 브레이크에 영향을 미약하게 받고, 스피드가 떨어진 후반부에는 표면의 변화와 브레이크에 많은 영향을 받는다.
- 그린이 반짝이고 밝게 보이면 보는 방향에서 순결, 어둡게 보이면 역결이다.
- 홀 안 한쪽이 갈색으로 변해있으면 그 방향으로 잔디가 자란다.
- 배수구나 컬렉션 에어리어(흘러내리는 낮은 지역) 쪽으로 흐른다.

PUTTING FOR HOLE IN

내리막 경사를 극복하는 3가지 방법

아마 퍼팅 중에서 내리막 경사의 퍼팅이 가장 까다로울 것이다. 왜냐하면 자신의 스윙 테크닉보다는 중력과 경사에 볼의 진로를 맡겨야 하기 때문이다. 게다가 잔디의 결까지도 진로에 영향을 준다. 따라서 조금만 강하게 퍼팅을 해도 홀을 지나 많이 굴러간다는 강박관념 때문에 소극적인 퍼팅을 할 수밖에 없고 실수 또한 많아진다.

이제 내리막 경사에서의 효율적인 퍼팅을 위한 방법을 소개한다. 참고로 다음의 모든 개념은 빠른 그린에서도 유효하다.

01 물이 흐르는 방향을 상상하라

내리막에서 효율적으로 퍼팅을 하기 위해서는 먼저 볼이 있는 곳에서 주전자로 물을 붓는 상상을 해보자. 물은 중력에 따라 높은 곳에서 낮은 곳으로 흘러가고 미세한 경사에도 반응하여 정확하게 길을 찾아 내려감으로써 볼이 진행하는 진로를 알려주는 완벽한 지침이 된다.

02 그립을 내려 잡고 볼을 더 왼쪽에 놓아라

 그 다음은 퍼팅 테크닉을 약간 변형함으로써 효과를 더 높일 수 있다. PGA 투어프로 필 미켈슨이 즐겨하는 방법인데 그립을 많이 내려 잡고 볼의 위치를 더 왼쪽에 놓고 치면 볼의 스피드를 많이 줄일 수 있어서 내리막에서는 적합한 퍼팅이 된다.

03 퍼터헤드의 토우나 힐 부분으로 쳐라

 혹자는 퍼터의 토우 부분이나 힐 부분으로 치면 볼의 속도가 감소하여 홀을 많이 지나치는 것을 방지한다고 하는데 그것도 한 방법이 될 수는 있다. 다만 퍼터의 스위트 스팟으로 볼을 치는 것이 아니기 때문에 임팩트 때 클럽이 뒤틀릴 수 있으므로 방향성을 보장받을 수 없음에 유의해야 한다.

PUTTING
FOR HOLE IN

오르막 경사의 퍼팅은 공격적으로 하라

오르막 경사에서의 퍼팅은 볼의 속도가 느려지기 때문에 잔디결의 영향을 더 많이 받는다. 그러므로 가능한 한 홀까지 빨리 도달하도록 스트로크를 강하게 해야 한다. 홀이 실제 있는 곳보다 더 멀리 있다고 상상하는 것도 도움이 되며, 볼이 홀의 뒷벽을 맞고 들어가도록 속도를 충분히 높여야 한다. 따라서 퍼터헤드의 스위트 스팟으로 정확하게 쳐야 한다.

오르막 퍼팅을 할 때는 꼭 유의해야 할 사항 두 가지가 있다. 첫째는 홀을 지나가게 쳐야 한다는 것이다. 볼이 홀에 못 미친다면 성공할 확률은 0%이기 때문이다. 둘째는 오르막이라는 생각 때문에 그립을 너무 꽉 쥐고 강하게 치려다가 방향이 틀어지는 경우가 많다는 점이다. 따라서 손목 힘을 빼고 스트로크를 더 유연하게 하여 거리뿐만 아니라 방향성도 확보해야 한다.

오르막 퍼팅은 적극적인 마인드를 가지고 좀 더 공격적으로 해야 더 효과를 볼 수 있다. 위의 모든 개념은 느린 그린에서도 마찬가지이다.

가상의 홀

터치감과 볼 스피드의 중요성

　퍼팅을 할 때 가장 중요한 사항은 터치감과 볼 스피드이다. 터치감은 볼 스피드를 조절하는 결정적인 감각이며 이 감각이 뛰어난 골퍼들은 이미 퍼팅에 관한 한 축복받은 것이라고 감히 말할 수 있다. 만일 터치감이 무딘 골퍼라면 반복적인 연습으로 습득할 수 있지만 그렇게 얻은 감각도 사용하지 않으면 다시 사라지게 된다. 따라서 퍼팅에서의 동물적인 감각은 터치감이라 말할 수 있다.

　퍼팅 시 그린 위에서의 볼 스피드는 잔디 결이나 경사 등과 함께 작용하여 각 퍼팅에 대한 적절한 퍼팅라인을 만들어낸다. 볼 스피드가 빠르면 경사, 즉 브레이크의 영향을 덜 받게 되어 적게 휘고, 스피드가 느릴 경우에는 브레이크의 영향을 더 받게 되어 많이 휘는 퍼팅라인을 만들어낸다.

　잔디가 길어서 느린 그린에서는 브레이크 라인(볼의 커브라인)이 더 심해지며 잘 구르는 그린 위에서는 브레이크가 덜 작용한다. 하지만 잘 구르지 않는 그린에서는 볼을 강하게 치는 경향이 있기 때문에 브레이크 라인이 많이 휘지 않는다. 반대로 빠른 그린에서는 볼을 약하게 치는 경향이 있어 브레이크 라인이 더 심하게 휘어지므로 주의해서 퍼팅해야 한다.

볼 스피드가 느린 경우(빠른 그린에서 살살 칠 때)에는 브레이크 라인이 많이 휜다.

볼 스피드가 빠른 경우(느린 그린에서 강하게 칠 때)에는 브레이크 라인이 적게 휜다.

PUTTING
FOR HOLE IN

옆 경사면에서의 퍼팅 요령

옆 경사면에서 퍼팅을 할 때는 자신의 상상력을 최대한 발휘해야 한다. 먼저 눈으로 경사를 확인하고 머리로 상상해서 볼이 굴러가는 곡선을 그려야 한다.

골퍼 개인마다 선호하는 퍼팅 경사가 있기 마련인데, 훅 경사보다는 슬라이스 경사에 강한 골퍼가 있는가 하면 그 반대인 경우도 있다. 대체적으로 오른손잡이일 경우 슬라이스 경사보다는 훅 경사에서 더 자신감을 보이는 경우가 많다. 그럼 만일 그린의 경사가 왼쪽이 높고 오른쪽이 낮은 슬라이스 경사일 경우에는 어떻게 퍼팅을 하는 것이 효율적인지 알아보자.

일반적으로 직선 퍼팅에서는 올바른 스윙궤도와 임팩트 시 퍼터 페이스의 정렬이 바르게 이루어졌을 때 홀인이 가능하다. 하지만 옆 경사면에서의 퍼팅은 어드레스 때 몸과 퍼터의 정렬에 볼 스피드가 절대적으로 영향을 미친다. 따라서 먼저 볼이 지나갈 커브선을 상상해 그렸다면 몸과 퍼터는 그 커브선의 가장 바깥쪽을 향해서 정렬해야 한다. 그리고 퍼터 페이스는 그 커브선의 가장자리를 향해 직각이 되어야 하며 몸은 평행이 되어야 한다.

주말골퍼들이 가장 많이 실수하는 부분이 바로 이점이다. 홀이 시야에 들어오기 때문에 자꾸 정렬을 홀 쪽으로 하려는 경향이 있고 결국 볼은 커브선의 가장자리까지 미치지 못하고 홀보다 낮은 쪽으로 벗어나는 것이다. 이렇게 옆 경사면에서의 퍼팅은 항상 홀의 높은 쪽에서 굴러 내려오도록 치는 것이 필수조건이다.

이렇게 정렬을 해서 퍼팅을 할 때 볼 스피드까지 맞춰준다면 완벽한 퍼팅이 될 수 있다. 경사면에서의 커브는 볼 스피드의 영향을 받기 때문에 만일 볼을 강하게 쳐서 스피드를 빠르게 하려면 완만한 커브선을 상상해야 하고 살살 치는 퍼팅을 하려면 더 급격한 커브선을 그려야 한다.

PART 11

MENTALITY FOR VICTORY
부록: 이기기 위한 멘탈

골프는 정신적인 요소가 매우 강하게 작용하는 운동이다. 특히 작은 주위환경 분위기의 변화에서부터 극심한 압박감까지 극복해야할 순간과 상황이 많고 이런 부분이 골프 성적을 좌우하게 된다. 이제 골프 플레이에 좋은 영향을 미칠 수 있는 멘탈을 익혀보자.

1 갤러리의 시선을 즐겨라

주말골퍼들이 블랙홀처럼 가장 타수를 쉽게 잃어버리는 홀은 대개 첫 홀이다. 몸도 풀리지 않았고 갤러리의 시선에 대한 부담감이 몸을 경직되게 만들어 실수를 범하는 것이다. 그러나 분명히 말하지만 그것은 소심한 자신 혼자만의 나약한 정신세계임을 밝혀둔다.

첫 홀 티잉 그라운드에 올라서면 보통 뒤 팀의 플레이어들이 기다리고 있고 단체 팀이라면 더 많은 사람들이 첫 홀 주위에서 자신의 티 샷을 주시하고 있을 것이다. 한마디로 티 샷 한번 잘못하면 망신당할 수 있는 순간인 것이다. 하지만 자신이 뒤에서 바라보고 있는 갤러리라고 바꿔서 생각해보자. 만일 티 샷을 하는 사람이 실수를 했다면 당신을 어떤 생각을 하는가? 대부분은 그냥 웃고 넘기거나 바로 잊어버린다. 어느 한 사람도 그 티 샷의 실수를 심각하게 생각하지 않는다는 것이다. 그리고 티 샷을 잘했을 경우에는 나이스 샷이라 외칠 뿐이다. 그 한 샷을 보고 그 사람의 실력을 평가하거나 무시하는 우매한 골퍼는 단 한 명도 없다. 즉, 못하면 본전이고 잘하면 품나는 아주 유리한 상황이라는 것을 인식하면 손해 볼 것이 전혀 없다. 그저 자신 있게 스윙하는 일만 남아있지 않은가? 제발 자신만의 나약한 정신세계에서 탈출하기 바란다.

② 장타라고 자랑하지 마라

 골퍼에게 장타를 친다는 것은 위대한 재산이다. 멀리 치면 다음 샷이 더 쉬워지는 것은 물론이거니와 심리적으로도 상대를 압도할 수 있기 때문이다. 그리고 무엇보다도 다른 사람보다 더 멀리 칠 수 있다는 자신감은 골프에서 가장 중요한 멘탈을 강하게 만들어주는 크나큰 장점이기도 하다. 그러나 아마추어 세계에서는 그것이 독약이 될 수도 있음을 간과해서는 안 된다.

 주위에서 보면 자신이 장타라고 유독 자랑하는 골퍼가 가끔 있다. 장타자는 본의 아니게 장타를 보여주기 위한 플레이를 할 때가 많다. 하지만 골프는 쇼가 아니고 스코어이다. 장타만으로 해결할 수 없는 것들이 너무나도 많다. 골프가 장타자에게 유리한 것은 사실이지만 그 장타를 적절하게 사용하는 절제력도 동반되어야 진정한 장타를 소유한 장점이 빛을 발하는 것이다.

 좋은 스코어를 낼 수 있는 진정한 장타자는 겉으로 드러내지 않는다. 같은 클럽으로 동반자보다 짧게 칠 수 있는 여유와 상식적인 클럽 선택으로 목표를 정확하게 공략할 줄 안다. 가끔 장타가 필요할 때 다른 사람들이 놀랄 정도의 거리를 치고도 칭찬에 묵묵히 대하는 사람에게는 골프의 심오한 경지가 느껴지기도 한다. 장타를 자랑하는 사람 앞에서는 다들 부러워하지만 뒤에서는 웃고 있다는 사실을 알고 보다 겸손한 마음을 갖기 바란다.

3 이기는 골프를 하라

당신은 골프를 왜 하는가? 이 답을 구하기 위해 깊이 생각해보면 자신이 즐기기 위해서라는 결론이 나온다. 골프선수들은 투어가 직업이고 경기 자체가 일이며 상금, 즉 돈을 벌어서 생활을 한다. 그들에게 직업적인 목적과 즐거움이란 골프대회에서 좋은 성적을 거둬 상금을 많이 획득함과 동시에 명예도 얻는 것이다. 그 이상도 이하도 아니다.

그러나 일반 골퍼의 세계에서는 골프를 하는 목적과 즐거움이 더 복잡 미묘하다. 골프라는 운동은 타 운동과는 달리 더 어렵고 잘 할 수 있을 때까지는 더 많은 시간이 걸리기 때문에 무한한 도전의식을 갖게 만든다. 골프를 한다는 것은 어떻게 보면 끝이 없는 여정이지만 그 가운데에서도 즐거움이나 희열이 없다면 바로 포기할 수도 있을 것이다.

그렇다면 골프의 즐거움이나 희열은 무엇일까? 아마도 성취감이라고 표현할 수 있을 것이다. 비슷한 실력을 가진 동료들과 주말골퍼로서 골프를 즐기는 입장이라면 열심히 실력을 연마해서 상대방을 정당하게 이기는 데서 기쁨을 느끼게 된다. 매주 티타임을 기다리면서 틈틈이 연습하고 준비하는 과정이 골프를 즐기는 것이라 할 수 있다. 그리고 필드에서는 상대방을 이김으로써 자신의 노력에 대한 성취와 기쁨을 느끼게 된다. 냉정하게 말하면 골프는 공정하게 플레이를 해서 상대방을 이김으로써 즐거움을 얻는 운동이다. 그러므로 골프를 즐기려면 이기는 골프를 하라.

4

투어프로와 당신의 멘탈 강도는 다르다

　일반적으로 골프경기를 할 때 투어프로와 일반 골퍼의 정신적인 집중 강도는 큰 차이가 난다. 투어프로들은 전장에 나가 싸우는 장수와 같은 정신무장을 하는데 비해 주말골퍼들은 나약하고 느슨한 정신 상태를 확인할 수 있다. 물론 실력 차가 많이 나고 경기에 임하는 심각성이 다르겠지만 그래도 두 부류의 차이는 너무 크다.

　우리도 투어프로와 같이 필드 위에 설 때는 항상 진지한 마음가짐으로 최상의 기량을 나타내기 위해 노력해야 한다. 샷을 할 때나 퍼팅을 할 때 '뭔가 잘 되겠지'라는 막연하고 추상적인 생각보다는 꼭 잘 될 거라는 적극적이고 구체적인 생각을 해야 한다. 상대를 제압할 수 있다는 확고한 생각은 자신감을 갖게 하고 그런 분위기에서의 플레이는 더 좋은 샷을 만들어 낼 수 있다.

　이렇듯 멘탈이 강한 사람들은 모든 사람들이 겪는 힘들고 불리한 상황에서 실력이 더욱 빛나게 되어 있다. 모든 주말골퍼들도 일단 필드에서 플레이 할 때면 자신이 마치 브리티시 오픈에서 플레이하는 선수와 같은 입장이 되어 마지막 홀까지 집중하고 최선을 다하는 마음가짐을 가져야 한다. 이렇게 했을 때 골프실력은 초고속으로 성장하며 주위 동료들이 감히 넘볼 수 없는 경지에 도달하게 되는 것이다.

5 긴장감을 해소하기 위해 투어프로들이 사용하는 방법

골프는 개인 간 기량 대결이라고도 볼 수 있지만 때로는 골퍼도 인간인지라 너무 긴장하면 제 기량을 발휘하지 못한다. 이럴 때 긴장감을 줄이고 자신의 집중력을 끌어올리려면 어떻게 해야 할까? 필자가 미국에 있을 때 배운 PGA 선수들이 가장 많이 사용하는 방법을 소개하겠다.

01 처해진 샷만 생각하자(One Shot at a Time)

투어프로들 사이에서 가장 많이 사용되는 말이다. 처해진 한 샷 한 샷에만 집중한다는 것이다. 지나간 홀의 플레이에 대한 아쉬움이나 다가올 홀에 대한 기대를 버리고 오직 지금 해야 할 한 샷에만 신경을 쓴다는 것이다. 인간은 생각하는 동물이기 때문에 잡념을 떨쳐버리기는 어렵지만 평소에 명상이나 마인드 컨트롤을 연마하여 한 가지에만 몰두하는 훈련을 하면 가능한 일이다. 어느 내공이 깊은 골퍼는 바람이 아주 심하게 부는 날 퍼팅을 할 때에도 고도의 정신집중을 하면 고요함의 정점을 느낀다고 했고 그 때 퍼팅을 하면 좋은 결과를 얻는다고 했다. 일반 골퍼들도 그만큼의 집중을 할 때 다른 생각들이 침입할 빈틈이 없어질 것이다.

02 호흡을 세 번 깊게 하라(Deep Breath Three Times)

플레이에 너무 집중하다 보면 상황을 판단할 때 여유가 없어지고 항상 고정된 판단을 내리게 된다. 그리고 샷을 하고난 후 결과가 좋지 않으면 그 때서야 자신의 판단이 잘못된 것을 깨닫게 되는 경우가 있다. 선택의 다양성, 즉 차선책 등이 있었건만 미처 생각지 못했던 것이다. 이렇게 판단력이 흐려질 때면 눈을 돌려 먼 산의 아름다운 경치를 보며 세 번의 깊은 호흡을 소리 내어 하라. 필드의 신선한 공기를 깊게 들이쉬고 크게 내쉬는 호흡을 3번 정도 하면 머리에 신선한 산소가 공급되어 매 샷마다 냉철하고 착오 없는 판단을 하는 데 도움이 된다.

03 자신과 대화하라(Talk to Yourself)

플레이를 할 때 서두르는 것은 금물이다. 서두르게 되면 마음이 조급해지고 행동이 빨라지면서 실수가 유발되기 쉽다. 그 때는 주위의 모든 느린 상황에 대한 인내가 짧아지기도 하며 화가 나기도 한다. 가령 티잉 그라운드에서 앞 팀이 밀리거나 동반자 중에서 어드레스 때 시간을 끄는 것까지도 거슬리게 된다. 더 나아가 동반자의 볼이 자신의 볼보다 홀에서 더 멀리 떨어져 있음에도 불구하고 흥분한 나머지 먼저 샷을 하는 경우까지도 발생한다. 이쯤 되면 경기력도 망가지고 있다고 봐야 한다.

이런 경우에는 홀을 이동할 때 마음을 최대한 다스리고 의도적으로 잔디 위를 천천히 걸으며 자신과 대화하는 것이 좋다. 대화는 마음속으로 긍정적인 생각을 하면서 하고 스트레스를 받고 있는 중이라면 상대방에게 피해를 주지 않는 한 소리를 질러서 해소하는 것도 도움이 된다. TV에서 투어프로들이 혼잣말로 중얼거리거나 볼이 날아갈 때 크게 주문을 거는 것도 다 같은 맥락의 이유이다.

04 성공적인 샷의 구질을 예측하고 마음속에 그려라(Visualization)

플레이를 하다 보면 도중에 긴장감이 찾아들고 집중력이 떨어질 때가 있다. 특히 해저드를 넘기거나 벙커를 살짝 넘겨야 되는 상황에서 연습이 부족한 주말골퍼라면 긴장이 될 것이다. 이때 상황을 극복할 수 있는 가장 좋은 방법은 샷을 마음속으로 미리 그려보는 것이다. Visualization! 자신이 친 샷이 아름다운 포물선을 그리며 벙커를 넘어 핀 옆에 잘 떨어져 멈추는 기가 막힌 샷을 미리 그려보는 것이다.

이러한 긍정적인 그림이 실제로 그대로 표현될 수 있도록 일종의 자기최면을 거는 것이다. 동화 같은 이야기지만 골프는 멘탈이 많이 작용하는 운동이기 때문에 충분히 효과를 거둘 수 있다.

6 상대방이 실수했을 때 더 집중해서 강하게 압박하라

골프가 어차피 이겨야 즐거워지는 운동이라면 강한 승부근성이 필요하다. 어떤 이들은 단지 게임일 뿐인데 목숨 걸고 할 필요가 있느냐고 말할지 모른다. 물론 접대골프라든지 특별한 목적을 가지고 플레이를 하는 경우에는 일부러 져줄 수도 있다. 하지만 그러한 목적을 가지고 하는 골프는 스포츠의 페어 플레이 정신에 위배될 뿐만 아니라 골프라는 신성한 운동에 대한 정신을 저버리는 경우가 된다. 오히려 져주기 위해 플레이 하지 말고 최선을 다해 플레이를 해서 그 결과로 인해 상대방을 이겼다면 그 후에 다른 방법으로 베푸는 마음을 가지는 것이 더 바람직하다고 하겠다.

아무리 동료들과 즐기는 게임이라 할지라도 한없이 관대한 마음과 느슨한 정신으로 임하면 게임은 재미를 상실하게 되며 골프실력도 잘 늘지 않는다. 반대로 승부근성을 가지고 최선을 다해 상대방을 이기려고 할 때 더 재미있고 유익한 골프가 되는 것이다. 따라서 상대방이 실수했을 때가 기회라고 생각하고 더욱 강하게 집중해서 자신을 따라올 수 없도록 실력으로 강한 응징을 하는 것도 필요하다. 이런 강인한 마인드가 없으면 당신은 이기는 골프를 할 수 없게 된다.

7

편안하게 이기고 있을 때가 망가지기 가장 쉬운 때이다

라운드를 마치고 동반자들과 식사를 하면서 플레이에 대한 복기를 하다 보면 가끔 듣는 소리가 있다. '몇 번째 홀에서 망가지지만 않았어도 오늘은 80대를 치는 건데' 또는 '잘 나가다가 몇 번 홀에서 양파(공식 용어는 아님)를 했기 때문에 오늘 스코어가 망가졌어' 등 자신의 지나간 플레이에 대한 아쉬움을 토로하는 경우가 많다.

하지만 오랜 구력을 지닌 골퍼라면 골프란 늘 그런 것이라는 것을 잘 알고 있을 것이다. 골프 역사상 한 시대를 풍미했던 진 사라센(Gene Sarazen)은 "골프에서 방심이 생기는 가장 위험한 순간은 만사가 순조롭게 진행되고 있을 때이다"라는 명언을 남겼다. 가장 잘하고 있을 때가 방심하기 쉽고 집중력이 약해지기 때문에 실수가 더 나오는 것이다. 만일 플레이를 하는 동안 진 사라센이 말한 의미를 되새기며 집중했다면 망가지거나 양파를 하는 경우를 모면할 수 있었는지도 모른다.

골프를 잘하는 사람의 공통적인 특징은 잘 하고 있을 때 마음이 느슨해지지 않으며 오히려 더 집중하는 멘탈의 강인함을 가진 것을 볼 수 있다. 플레이를 할 때 항상 간직해야 할 마음가짐은 골프는 아직 끝나지 않았다는 것이다. 마지막 퍼팅까지도 한 스트로크를 줄이기 위해 악착같이 이를 악물고 플레이를 하는 정신력을 가져야 한다. 결국 이러한 정신력과 승부욕이 당신의 실질적인 골프실력뿐만 아니라 필드에서도 좋은 스코어를 내고 상대를 이길 수 있는 강인한 골퍼로 만들어 주게 될 것이다.

8 탑볼은 회복이 되나 뒤땅은 회복 불가능이다

필드에서 플레이를 할 때 그 누구도 실수를 피해갈 수는 없다. 투어프로들도 노리는 샷 중 70% 정도만 온 그린 되어도 그 부문 기록이 선두권으로 올라갈 수 있다. 다시 말해 투어를 재패하는 훌륭한 선수들도 30%는 그린을 놓치는 샷이 나온다는 것이다. 매일 플레이를 하며 연습량이 엄청나게 많은 투어프로들도 그렇게 실수를 하는데 하물며 일반 골퍼들은 어떻겠는가. 자신의 실수를 너무 비관하는 것은 오히려 사치스러운 마음이 아닐까?

앞서 말했지만 프로들은 투어경기에서 실수를 하지 않기 위해 플레이를 하는 것이 목적이지만 일반 골퍼들은 자신의 실력보다 더 잘하기 위해서 플레이를 한다. 골프라는 경기는 연습장에서 연습할 때의 실력이 필드에서 다 발휘되지 않는다는 것은 경험상 알고 있을 것이다. 따라서 자신의 기량을 넘어서는 결과를 기대하기 보다는 가급적 실수를 줄이는 플레이를 하는 것이 더 좋은 결과를 만들어 낸다.

투어프로들과 일반 골퍼들이 범하는 실수의 차이란 어떤 것일까? 투어프로들의 실수란 벙커에 빠지거나 그린을 살짝 벗어나는 정도이며, 숏게임으로 파세이브를 할 수 있는 확률이 많은 실수이다. 그러나 일반 골퍼들의 실수는 샷의 오차 범위가 크기 때문에 다음 샷으로 만회를 못하는 경우가 많아 스코어에 더 큰 영향을 미치게 된다.

주말골퍼들에게 미스 샷이라 함은 여러 가지 형태가 있겠으나 대표적인 것이 슬라이스와 훅 그리고 뒤땅과 탑핑이다. 엄밀히 따지면 슬라이스와 훅은 구질의 한 종류이고 때로는 그 구질이 필요할 때도 있다. 그러나 뒤땅과 탑핑은 엄연한 실수라 하겠다. 그런데 중요한 점은 같은 실수라도 타수를 잃어버리는 실수가 있고 회복이 가능한 실수가 있다. 즉, 같은 미스 샷이라도 뒤땅은 타수와 직결되는 손해가 큰 반면 탑핑은 거리 면에서 조금 손해를 볼 뿐 다음 샷으로 얼마든지 만회할 수 있는 경우가 많다. 그래서 외국 플레이어들이 즐기는 속담 중에 'Thin to win, fat to lose'라는 말이 있다. 이 말의 의미는 중요한 상황에서 실수를 할 때 탑핑을 하면 이길 수 있지만 뒤땅을 치면 진다라는 말이다. 간단한 교훈이지만 우리 일반 골퍼들도 새겨 볼만한 말이다.

9 자신감 넘치는 자기파가 확신 없는 정통파를 이긴다

'Practice makes perfect!' 라는 격언처럼 골프를 잘할 수 있는 유일한 방법은 연습을 열심히 하는 것이다. 그리고 조금이라도 더 빨리 골프실력을 발전시키려면 정확한 방법을 알고 연습해야 한다. 그리고 골프티칭을 하는 사람은 그 올바른 방법을 가르쳐줘서 배우는 사람으로 하여금 신속하게 목표에 도달하도록 도와줘야 한다.

골프스윙이나 기술은 초기 스코틀랜드 골프 때부터 지금까지 진화되긴 했으나 초기 골프스윙 형태의 근간을 흔드는 획기적인 변화는 없었다. 가끔 불거져 나오는 비정통파들의 전혀 검증되지 않은 골프이론으로 성급한 골퍼들을 현혹하기도 했지만 시간이 지나면서 자연히 소멸되기를 반복했었다. 지금도 구력에 비해 골프가 늘지 않는 사람들이 골프를 잘하기 위해 지푸라기라도 잡고 싶은 심정으로 그런 것들을 쫓는 모습을 보면 안타깝기만 하다. 필자는 그러한 비현실적 가르침을 쫓기보다는 자신의 자연스러움을 살리는 스윙을 익히는 것이 더 바람직하다고 생각한다.

골프스윙을 교과서 같은 내용에 맞추다 보면 너무 인위적으로 만드는 스윙이 되어 자연스러움이 배재되기 때문에 불편할 수밖에 없다. 너무 불편한 스윙은 일관성을 떨어뜨리는 결과를 초래하여 실질적인 골프 플레이에 도움이 안 된다. 하지만 정석에서는 조금은 벗어난 것 같지만 자신 특유의 자연스러움이 묻어나는 스윙은 언제든지 똑같이 구사할 수 있는 자신감을 주며 그 결과 더욱 일관성을 높일 수 있다는 사실을 알아야 한다. 미국골프의 대중화를 주도한 아놀드 파머(Arnold Palmer)도 이러한 사실을 인정하고 "자신 넘치는 자기파는 확신 없는 정통파를 이긴다"라는 유명한 말을 남겼다.

10
한번 고수가 영원한 고수는 아니다

일반적인 운동은 배운 후에 어느 정도 수준에 올라가면 그 실력을 유지할 수 있다. 개인적인 사정으로 잠깐 쉬었다가 다시 시작해도 바로 옛 수준에 도달할 수가 있는 것이 보통이다. 예를 들어 자전거 타는 것을 한번 배우면 오랫동안 자전거를 타지 않더라도 다시 타고 싶을 때 별 문제없이 탈 수 있듯이 말이다.

그런데 골프라는 운동은 위의 일반 스포츠와는 달리 열심히 실력을 갈고 닦아 70대 타수를 치는 수준이 되었더라도 1~2년 정도 쉬게 되면 다시 옛 기량을 찾기가 어렵다. 다른 운동에 비해 매우 감각적이고 정신적인 부분까지도 영향을 미치기 때문에 조금의 공백 기간에도 예전 기량을 찾기까지는 많은 시간과 엄청난 노력이 필요하게 된다. 과거의 절정 고수가 옛날 생각만 하고 골프를 하다가는 스트레스를 받게 된다. 한번 해병은 영원한 해병이지만 골프는 한번 고수는 영원한 고수가 아니다. 그 실력을 유지하기 위해서 피땀 흘리는 노력을 했을 때 비로소 고수라는 칭호를 유지할 수 있다.

오늘 골프를 잘 쳤다고 자랑할 필요가 없다. 내일은 망가질 수 있으니까 말이다. 반대로 오늘 플레이가 형편없다고 실망할 필요도 없다. 내일 다시 좋아질 수 있으니까 말이다. 그래서 역대 최고의 볼 스트라이커인 벤 호건은 "하루를 연습하지 않으면 내가 알고, 이틀을 연습하지 않으면 캐디가 알고, 사흘을 연습하지 않으면 갤러리가 안다"는 유명한 말을 남겼다. 이 말은 현대사회에서 투어프로뿐만 아니라 일반 주말골퍼들 사이에서 가장 많이 회자되고 있는 교훈일 것이다.

11 스코어에 도움이 되는 코스 매니지먼트

주에 한번 정도 플레이를 하는 골퍼에게는 실력도 중요하지만 골프코스의 레이아웃을 이해하고 작전을 잘 세우는 것이 더욱 중요하다. 왜냐하면 실력과는 관계없이 코스를 이해하지 못하면 쉽게 타수를 잃어버릴 수 있기 때문이다. 그래서 골퍼들은 익숙한 골프장과 처음 방문하는 골프장에서의 타수 차이가 많이 나게 된다.

코스를 설계한 사람은 장애물을 적당한 장소에 배치하여 플레이어를 테스트할 수 있도록 만든다. 그리고 플레이어의 입장에서는 그 설계자의 의도를 읽고 실력과 기량으로 코스를 이길 수 있어야 좋은 플레이를 할 수 있다. 따라서 실력에서는 이기고 코스에게는 지는 골프를 방지하면 현명한 골퍼가 될 것이다. 이제 골퍼들에게 필요한 코스 매니지먼트를 최상으로 할 수 있는 중요한 개념을 소개하니 꼭 숙지하여 플레이를 할 때 도움이 되기를 바란다.

- 코스 공략은 전장에 선 지휘관의 심정으로 해야 한다.
- 코스 설계자의 숨은 뜻을 파악하고 속지마라.
- 고수에게는 지더라도 코스에게는 지지마라.
- 볼을 치고 나서 후회하지 말고 치기 전에 작전을 세워라.
- 홀의 한쪽이 트러블 지역이라면 페어웨이의 절반만 사용한다는 생각으로 티 샷을 하라.
- 드라이버는 반드시 길게 쳐야만 하는 클럽이 아니다.
- 배꼽이 튀어나왔다! 티잉 그라운드를 보다 여유 있게 사용하라.
- 장타라고 자랑하지 마라. 쇼하다가 스코어를 망치게 된다.
- 도그렉 홀에서는 휘는 부분의 바깥쪽 페어웨이를 공략하라.
- 휘는 구질을 가지고 있다면 장애물을 가로질러 치는 샷은 삼가라.
- 처음 플레이하는 골프장에서는 거리 표시 마커를 믿고 플레이하라.
- 그린까지의 페어웨이의 언듈레이션이 심하면 거리가 짧아 보인다.
- 해저드를 넘기는 샷을 할 때는 마음속으로 미리 샷을 그려보아라.
- 레이업의 목적은 핀에서 가장 자신 있는 거리를 남겨놓는 것이다.
- 수풀로 들어갔을 때 볼을 후방으로도 쳐내는 여유를 가져라.
- 트러블이 트러블을 부른다.
- 벌타 한타가 당신의 게임을 절대 망가뜨리지 않는다.
- 파5홀에서 가장 우매한 투 온 시도는 그린 앞 벙커에 빠뜨리는 것이다.
- 컨디션이 좋을 땐 롱 아이언, 안 좋을 땐 하이브리드를 사용하라.
- 그린에 올릴 때 항상 핀을 노리는 것은 아니다.
- 숏게임을 할 때는 뉴트럴 그립을 잡아라.
- 그린 주위 가까운 거리라도 러프가 길다면 볼을 띄워라.
- 그린 주위에서 핀을 공략할 때 굴리는 것이 우선이고 띄우는 것이 차선이다.

■ 촬영 협조

티클라우드CC_031-869-7770
스마트KU 골프파빌리온_031-930-1600
테디밸리 골프&리조트_064-793-1000

김해천의 골프빅북

초판 1쇄 발행 2012년 2월 11일
초판 6쇄 발행 2018년 2월 15일

지은이 김해천
펴낸이 김영조
콘텐츠기획팀 홍지은, 신수연
마케팅팀 이유섭, 배태욱
경영지원팀 정은진
외부스태프 본문디자인 김영심
         표지디자인 ALL design group
         사진촬영 이과용, 박상국
펴낸곳 싸이프레스
주소 서울시 마포구 양화로7길 4-13(서교동, 392-31) 302호
전화 02-335-0385/0399
팩스 02-335-0397
이메일 cypressbook1@naver.com
홈페이지 www.cypressbook.co.kr
블로그 blog.naver.com/cypressbook
페이스북 www.facebook.com/cypressbook
인스타그램 @cypress_book
출판등록 2009년 11월 3일 제2010-000105호
ISBN 979-89-97125-08-1 13690

· 이 책은 저작권법에 따라 보호를 받는 저작물이므로 무단 전재 및 무단 복제를 금합니다.
· 책값은 뒤표지에 있습니다.
· 파본은 구입하신 곳에서 교환해 드립니다.

이 도서의 국립중앙도서관 출판예정도서목록(CIP)은 서지정보유통지원시스템 홈페이지
(http://seoji.nl.go.kr)와 국가자료공동목록시스템(http://www.nl.go.kr/kolisnet)에
서 이용하실 수 있습니다. (CIP제어번호: 2012000317)